NÉGOCIER ET RÉDIGER AU MIEUX SES CONTRATS DANS L'ESPACE OHADA

2e édition

Henri-Joël TAGUM FOMBENO

NÉGOCIER ET RÉDIGER AU MIEUX SES CONTRATS DANS L'ESPACE OHADA

2e édition

L'Harmattan
Sénégal

10 VDN, Sicap Amitié 3, Lotissement Cité Police, DAKAR

http://www.harmattansenegal.com
diffusion.harmattan@wanadoo.fr
senharmattan@gmail.com

ISBN : 978-2-343-22633-0
EAN : 9782343226330

À mon épouse Chantal,
À mes enfants Laurine et Enzo,
À ma maman,

À tous ceux qui œuvrent pour une Afrique meilleure.

AVANT-PROPOS

> *« Connaissez-vous la différence entre l'éducation et l'expérience ? L'éducation, c'est quand vous lisez tous les alinéas d'un contrat. L'expérience, c'est ce qui vous arrive quand vous ne le faites pas. »*
>
> Pete SEEGER

Avec la mondialisation de l'économie, les contrats se sont sophistiqués en prenant des formes de plus en plus complexes. Sur le plan interne, les contrats font l'objet d'une complexité croissante, les contrats spéciaux se multiplient, le droit de la consommation tout comme le droit de la concurrence ne cessent d'influencer l'évolution des techniques contractuelles. Sur le plan international, avec le foisonnement d'instruments internationaux, la rédaction des contrats est devenue de plus en plus délicate. Cette complexité accroît le risque juridique qu'il faut prendre en compte dès l'étape de l'élaboration voire de la négociation du contrat.

La négociation et la rédaction des contrats nécessitent une attention particulière et, plus encore, une certaine expertise. Le contrat ayant, en général, vocation à régir une relation contractuelle sur la durée, les parties se doivent d'anticiper sur les événements qui pourraient en perturber l'exécution. Les clauses du contrat doivent être sécurisées, de manière à limiter les interprétations divergentes. Un contrat bien rédigé doit être clair, précis et équilibré.

Cet ouvrage, qui allie théorie et pratique, se situe à mi-chemin entre le droit et la stratégie. Il met l'accent sur les clauses essentielles et usuelles qui doivent figurer dans un contrat ainsi que sur les règles qui encadrent la rédaction de celles-ci. Il permet d'avoir un aperçu sur les principales règles qui encadrent la négociation des contrats. Bref, il présente les leviers juridiques et les armes stratégiques sur lesquels il faut s'appuyer pour négocier et rédiger ses contrats en toute sécurité.

Présenté dans un style simple et facile d'accès, avec des exemples pratiques et des anecdotes croustillantes, cet ouvrage se veut être une feuille de route et un guide pratique pour les professionnels en matière contractuelle dans l'espace OHADA. Cette seconde édition s'est enrichie d'une quinzaine de nouvelles clauses qui n'existaient pas dans la précédente.

L'ouvrage s'adresse aux juristes d'entreprise, avocats, magistrats, notaires, enseignants, étudiants en master, etc. Sans prétendre à l'exhaustivité, il fournit des solutions concrètes aux problèmes qu'ils rencontrent chaque jour dans la négociation et la rédaction des contrats.

Pour rendre son utilisation plus concrète et opérationnelle, l'ouvrage comporte une partie annexe où l'on retrouve des fiches pratiques sur un certain nombre de contrats. Un index très complet de 775 entrées permet de retrouver rapidement les informations sur une question.

Henri-Joël TAGUM FOMBENO
Docteur d'État en droit privé
www.tagumjoel.com

PRÉFACE

Le contrat est un outil de gestion essentiel en droit des affaires. Il constitue l'instrument juridique de base pour les relations professionnelles et personnelles.

Juridiquement fondé sur le principe de l'autonomie de la volonté, le contrat a subi des évolutions majeures du fait de l'inventivité des pratiques et du champ toujours plus important pris par la réglementation. Cette évolution a apporté des restrictions au principe de l'autonomie de la volonté — restrictions dictées notamment par la protection de l'intérêt général et du consommateur — en imposant de plus en plus de formalisme. Les contrats se sont donc sophistiqués en prenant des formes de plus en plus complexes.

Ainsi, la négociation et la rédaction des contrats requièrent de nos jours des compétences spécifiques et une certaine expérience. Elles obéissent à certaines règles qu'il faut maîtriser. Le processus contractuel étant souvent parsemé d'embûches, les parties se doivent de se préserver d'un certain nombre de pièges ou du moins de minimiser leurs effets. À défaut, les droits et intérêts qu'elles représentent risquent de s'en trouver fortement amoindris, voire tronqués. Or, les lacunes d'un contrat peuvent se révéler cruelles pour les parties.

Par ailleurs, la négociation et la rédaction des contrats font appel à des savoirs spécialisés et particulièrement à ceux du juriste. Pendant longtemps, le négociateur se contentait de conclure son affaire et de se décharger ensuite du dossier sur le service juridique, pour qu'il assure la mise au point du contrat. Cette époque est révolue.

Le droit est un élément indispensable pour atteindre un équilibre contractuel. C'est un élément de la négociation, parmi d'autres, et au même titre que la stratégie, la finance ou le marketing.

À cet effet, il faut intégrer la réflexion juridique au processus de négociation, car négocier, c'est aussi maîtriser le cadre juridique qui va sécuriser les pourparlers. Le rôle du juriste ne saurait donc se limiter à la rédaction des contrats qui, bien sûr, est un exercice complexe. Afin de négocier un contrat adapté à ses objectifs et d'introduire des clauses efficaces permettant d'éviter un risque de contentieux, le juriste doit donc être associé dès le début du processus contractuel.

Cet ouvrage, qui allie théorie et pratique, vient donc à son heure. Il constitue réellement un outil pédagogique pertinent pour négocier et rédiger ses contrats. En combinant le droit et la stratégie, l'auteur fournit, à l'issue d'une recherche approfondie et d'un impressionnant travail d'analyse juridique, un outil complet apte à guider tous ceux qui interviennent dans le processus de production des contrats.

Par un style simple et facile d'accès, des exemples pratiques et des anecdotes croustillantes tirées de son expérience personnelle, Monsieur TAGUM FOMBENO est parvenu à cerner les différents aspects de la négociation et de la rédaction des contrats. Il répond, avec précision et clarté, aux questions qui peuvent se poser aux différents acteurs, juristes, commerciaux, financiers, ingénieurs, qui interviennent dans le processus de conclusion des contrats.

Par ce travail, Monsieur TAGUM FOMBENO, que j'ai déjà eu l'occasion d'apprécier comme collaborateur, a démontré ses grandes capacités de créativité et d'analyse, en révélant sa parfaite maîtrise des techniques contractuelles. Aussi, c'est avec un très grand plaisir et une certaine fierté pour l'ASECNA que j'ai accepté de préfacer cet ouvrage d'une qualité scientifique indubitable. Je forme le vœu que cette publication apporte au plus grand nombre de lecteurs la connaissance des idées qu'il développe brillamment.

Christian COSTE
Ancien Contrôleur Financier de l'ASECNA

LISTE DES ABRÉVIATIONS

Adde	ajouter
Aj.	ajouter
al.	Alinéa
Art.	Article
AUDA	Acte uniforme relatif au droit de l'arbitrage
AUDCG	Acte uniforme relatif au droit commercial général
AUM	Acte uniforme relatif à la médiation
AUDSC et GIE	Acte uniforme relatif au droit des sociétés commerciales et du groupement d'intérêt économique
AUS	Acte uniforme portant organisation des sûretés
C.A. Cour d'Appel	
Cass. ass. plén.	Cour de cassation, assemblée plénière
Cass. ch. Mixte	Cour de cassation, chambre mixte
Cass. civ.	Cour de cassation (chambre civile)
Cass. crim.	Cour de cassation (chambre criminelle)
Cass. soc.	Cour de cassation (chambre sociale)
C. civ.	Code civil
C. pén.	Code pénal
C. proc. civ.	Code de procédure civile
C. séc. soc.	Code de la sécurité sociale
C. supr.	Cour suprême
C. trav.	Code du travail
chron.	chronique
COCC	Code des obligations civiles et commerciales
concl.	Conclusion
D.	Recueil Dalloz
D.-L.	Décret-Loi
EDJA	Éditions juridiques africaines
et al.	et autres
FCFA	Franc de la communauté financière de l'Afrique de l'Ouest
Gaz. Pal.	Gazette du Palais
Infra	plus loin
J-CI. (civil)	Jurisclasseur, Responsabilité civile et assurances

JORS	Journal officiel de la République du Sénégal
JOS	Journal officiel du Sénégal
L.	Loi
Loc. cit.	À l'endroit précité
not.	notamment
Obs.	Observations
OHADA	Organisation pour l'Harmonisation du Droit des Affaires en Afrique
Ord.	Ordonnance
op. cit.	dans l'ouvrage précité
p.	page
préc.	précité
Rec. Recueil	
S.	Sirey
s.	suivant
somm.	sommaire
supra	plus haut
t.	tome
V.	voir
Vol.	Volume

INTRODUCTION GÉNÉRALE

1. Avec la mondialisation de l'économie, l'une des tâches les plus importantes dans les affaires est la négociation et la rédaction des contrats. Ces contrats, dont le nombre n'a cessé de croître, se sont sophistiqués en prenant des formes de plus en plus complexes.

Cette complexité impose aux cocontractants d'avoir une parfaite maîtrise des questions contractuelles ou tout au moins de s'entourer de conseils d'un technicien avisé, car les lacunes d'un contrat peuvent se révéler cruelles dans une relation d'affaires. Comme disait l'autre, « *Let's see our lawyer first* ».

2. Mais bien avant, par souci pédagogique, il est important, d'une part, de revenir sur la notion de contrat (**I**) et, d'autre part, de présenter les principales catégories de contrat (**II**).

I. LA NOTION DE CONTRAT

3. Pour saisir la notion de contrat, il convient de la définir (**A**), de présenter ses fondements (**B**) et sa finalité (**C**).

A./La définition du contrat

4. Le contrat est un accord de volontés entre deux ou plusieurs personnes, appelées parties au contrat.[1] Il est destiné soit à créer une relation de droit, donnant naissance à des obligations ou des droits réels, soit à modifier ou éteindre une relation préexistante. Les exemples sont nombreux : contrat de vente, contrat de location, contrat de prestation de services, etc.

5. En principe, le contrat se forme par la rencontre de l'offre et de l'acceptation. Il repose sur l'engagement de l'un, l'acceptation de l'autre ou l'engagement des deux parties. Toutefois, il est souvent nécessaire de préparer la conclusion du contrat par une phase préalable de négociation au cours de

[1] Voir not. : – Bénin : art. 1101 *C. civ.* – Burkina Faso : art. 1101 *C. civ.* – Cameroun : art. 1101 *C. civ.* – Centrafrique : art. 1101 *C. civ.* – Comores : art. 1101 *C. civ.* – Congo : art. 1101 *C. civ.* – Côte d'Ivoire : art. 1101 *C. civ.* – France : art. 1101 *C. civ.* – Gabon : art. 1101 *C. civ.* – Guinée : art. 637 *C. civ.* – Guinée Bissau : art. 405 du Code civil (*Código civil).* – Guinée Équatoriale : art. 1254 du Code civil (*Codigo civil*). – Mali : art. 20 du Code des obligations. – Niger : art. 1101 *C. civ.* – RDC : art. 1er du Code civil et commercial. – Sénégal : art. 40 COCC. – Tchad : art. 1101 *C. civ.* – Togo : art. 1101 *C. civ.*

laquelle les parties vont discuter les différents points qu'ils souhaitent intégrer à leur accord. Cette phase exige du négociateur la connaissance de certains principes et techniques de négociation.

En cas de succès de la négociation, les parties doivent matérialiser par écrit l'accord intervenu. C'est l'étape de la rédaction du contrat. La rédaction des contrats est souvent obscurcie par une méthode qui consiste à utiliser des précédents par ajouts successifs ou par des transferts de clauses, à travers la pratique du « copier/coller ». Cette pratique réduit considérablement la logique du texte contractuel et les liens logiques entre les différentes clauses du contrat.

6. La validité d'un contrat est soumise à quatre conditions : le consentement, la capacité, la cause et l'objet. Le contrat qui ne réunit pas ces conditions est nul.

La nullité anéantit rétroactivement le contrat ; celui-ci est considéré comme n'ayant jamais existé. Les parties doivent donc remettre les choses en l'état précédant le contrat (exception faite pour les contrats à exécution successive — comme le contrat de travail — pour lesquels l'annulation ne vaut que pour l'avenir). La nullité doit cependant être demandée en justice. Il faut distinguer la nullité absolue de la nullité relative.

B./Les fondements du contrat

7. Dans tous les systèmes juridiques[2], il existe un corps de règles générales qui sont applicables à tous les contrats. C'est ce qu'on appelle *la Théorie générale du contrat.* Au-delà de ce corps de règles générales, les contrats sont aussi régis par des règles spécifiques, nées de la diversité des opérations qu'ils contribuent à réaliser. Ces deux corps de règles s'articulent.

8. La colonisation a introduit dans les pays africains différents systèmes juridiques occidentaux qui ont été imposés sur les droits coutumiers. Dans l'espace OHADA[3], la plupart des pays ont conservé le droit des contrats hérité de la colonisation.

---

[2] Il y a une multitude de systèmes juridiques que l'on peut néanmoins classer très schématiquement selon les cinq grandes catégories suivantes : les pays de droit codifié, les pays de la *Common law*, les pays islamiques, les pays communistes, les pays asiatiques.

[3] L'OHADA regroupe aujourd'hui 17 pays (14 pays de la Zone franc CFA, plus les Comores, la Guinée Conakry et la RDC). Elle reste ouverte à tout État du continent africain.

Ce droit qui est issu du système romano-germanique relève de la tradition espagnole en Guinée Équatoriale, portugaise en Guinée Bissau, belge en République Démocratique du Congo et française dans tous les autres pays membres de l'OHADA. Seul le Cameroun offre la particularité de réunir la tradition française et anglo-saxonne[4].

Certains pays membres de l'OHADA continuent d'appliquer les textes juridiques introduits par le colonisateur[5]. Seuls quelques pays ont pu se doter d'une nouvelle législation sur les contrats. Il en est ainsi du Sénégal avec la loi 63-62 du 10 juillet 1963 relative à la partie générale du Code des Obligations Civiles et Commerciales, du Mali avec la loi 87-31/AN-RM du 29 août 1987 fixant le régime général des obligations, de la Guinée Conakry avec la loi 004/APN/83 du 16 février 1983 portant adoption Code Civil. En dépit de leur spécificité, ces textes restent, toutefois, fondamentalement dans la ligne de la tradition française.

Il résulte de ce qui précède que la conception du contrat dans les pays membres de l'OHADA est, de manière générale, la même que celle du droit français dominée par le *principe de la liberté contractuelle et l'autonomie de la volonté des parties*[6]. Suivant le principe de la liberté contractuelle, ce qui n'est pas interdit est permis. Par ailleurs, sous réserve d'obligations prévues par la loi telle que l'assurance obligatoire, chacun est libre de contracter et du choix de son cocontractant.

C./La fonction économique et sociale du contrat

9. Le contrat a une fonction économique et sociale. C'est un instrument d'échange économique. Il est essentiel à la vie des affaires et à l'organisation de la société, car il accompagne les échanges économiques et sociaux. Les parties qui s'engagent

---

[4] Voir Marcel FONTAINE, « Note explicative à l'Avant-projet d'Acte Uniforme OHADA sur le droit des contrats », Mai 2006, p. 7 et s.

[5] Il en ainsi notamment : Bénin, Burkina Faso, Cameroun, Centrafrique, Congo, Gabon, Niger, Tchad, Togo.

[6] Le droit des contrats a été inclus dans le Programme d'harmonisation du droit des affaires en Afrique et un avant-projet d'Acte uniforme sur le droit des contrats a déjà été réalisé. Ce projet est assez ambitieux, car il tient compte de l'évolution internationale récente en matière de droit des contrats, et intègre aussi bien les préoccupations des systèmes juridiques romano-germaniques que celles de la *Common Law*.

dans une relation contractuelle sont soumises aux règles qu'elles se sont fixées.

10. Le contrat constitue l'instrument juridique de base pour les relations professionnelles et personnelles. Il permet d'*établir des liens avec d'autres personnes.* Il est d'une importance particulière dans la vie des affaires ainsi que dans celle de tous les jours.

Les contrats sont au cœur de l'activité humaine. On les trouve dans les supermarchés, les transports, les travaux de construction, bref, on les retrouve partout.

11. Le contrat n'est pas un mal nécessaire encore moins une tracasserie administrative. C'est la mémoire de l'accord intervenu entre les parties. Par conséquent, elles ont intérêt à le soigner car il permet de sauvegarder leurs droits et intérêts.

Un contrat doit être rédigé avec clarté et précision. Un accord clair est indispensable pour éviter les ambiguïtés d'interprétation avec des personnes qui n'ont pas été impliquées dans la négociation de l'accord et dans sa rédaction. Les clauses indûment détaillées donnent naissance à plus de problèmes qu'elles n'en résolvent.

II. LES DIFFÉRENTES CATÉGORIES DE CONTRAT

12. En dépit de leur diversité, les contrats peuvent être classés en catégories juridiques. Cette classification peut se faire suivant l'objet du contrat (**A**), le type de contrat (**B**) ou le mode de formation du contrat (**C**).

A./La classification fondée sur l'objet du contrat

13. En considération de leur objet, les contrats peuvent être classés en huit catégories rassemblées par couples : contrats synallagmatiques et contrats unilatéraux (**1**), contrats onéreux et contrats à titre gratuit (**2**), contrats commutatifs et contrats aléatoires (**3**), contrats instantanés et contrats à exécution successive (**4**).

1. Les contrats synallagmatiques et les contrats unilatéraux

14. Un contrat est *synallagmatique* lorsqu'il fait naître à la charge des parties des obligations réciproques. En d'autres termes, il crée des obligations réciproques et interdépendantes à la charge des deux parties ; chacune y étant créancière et débitrice. Il en est ainsi du contrat de vente. Dans ce contrat, l'objet de l'obligation de l'une des parties (*livrer la chose promise*) est la cause de l'obligation de l'autre partie (*payer le prix*) et réciproquement.

15. Le *contrat unilatéral* est un contrat qui ne fait naître d'obligation qu'à la charge de l'une des parties, celle-ci n'étant que débitrice, l'autre créancière.[7] Une seule partie s'oblige donc à l'égard de l'autre. Exemple : la donation, un acte à titre gratuit par lequel les parties conviennent que l'une, le donataire, recevra de l'autre, le donateur, un avantage sans contrepartie.

Il existe d'autres contrats unilatéraux comme le *contrat de prêt* ou le *contrat de dépôt.* Dans ces deux contrats, l'emprunteur et le dépositaire assument seuls une obligation, celle de restituer au terme fixé la chose ou les fonds qu'ils ont reçus.

2. Les contrats à titre gratuit et les contrats à titre onéreux

16. Le contrat est à *titre gratuit* lorsque l'une des parties procure à l'autre un avantage sans rien recevoir en échange. L'un des cocontractants s'oblige ou dispose d'un droit avec une *intention généreuse.* C'est un *contrat de bienfaisance.* Dans ce contrat, il ne suffit pas qu'il y ait absence de contrepartie, il faut surtout que ce déséquilibre ait été voulu. La donation, par exemple, est un contrat unilatéral à titre gratuit.

17. Le contrat est à *titre onéreux* lorsque chacune des parties reçoit de l'autre un avantage en contrepartie de celui qu'elle procure. Dans cette catégorie de contrat, chacune des parties n'entend fournir une prestation qu'en échange d'un avantage qu'elle considère comme équivalent. Il en est ainsi de la vente qui est, par ailleurs, un contrat à titre onéreux.

18. Le contrat à titre onéreux doit être distingué du contrat synallagmatique. Si tout contrat synallagmatique est un contrat à titre onéreux, tout contrat onéreux n'est pas nécessairement un contrat synallagmatique. Exemple : le prêt à intérêt est un

---

[7] Toutefois, un contrat unilatéral peut devenir synallagmatique lorsque l'insertion de clauses tend à le modifier. Ainsi, dans le cadre de l'exécution d'un contrat de dépôt, le déposant sur lequel ne pèse aucune obligation particulière lors de la formation du contrat, peut se voir mettre à sa charge une obligation portant sur le remboursement des frais de conservation exposés par le dépositaire.

contrat unilatéral à titre onéreux, il y a donc des contrats unilatéraux à titre onéreux.

3. Les contrats commutatifs et les contrats aléatoires

19. Le contrat *est commutatif* lorsque les parties s'engagent sur des prestations équivalentes. En d'autres termes, le contrat commutatif est celui où les prestations mises à la charge des parties sont définitivement déterminées dès le moment où le contrat est conclu. Il en est ainsi de la vente.

20. Un contrat est *aléatoire* lorsque la prestation de l'une des parties dans son existence ou dans son étendue dépend d'un événement incertain. Chacun des contractants court une chance de gain et une risque une perte. C'est le cas du contrat d'assurance.

Le contrat d'assurance est le contrat aléatoire par excellence. L'assuré court un risque, celui de payer des primes sans ne jamais pouvoir rien exiger de son assureur. En revanche, l'assuré peut être gagnant si ayant payé une prime de 25.000 F, par exemple, l'assureur verse une indemnité pour un sinistre d'un montant d'un million de francs.

21. Les contrats commutatifs et les contrats aléatoires sont tous deux des contrats à titre onéreux.

4. Les contrats à exécution instantanée et les contrats à exécution successive

22. Le contrat *instantané* est celui dont l'exécution est prévue en une seule fois. Dans cette catégorie de contrat, les prestations incombant aux parties sont susceptibles d'être accomplies en un trait de temps. Exemple : la vente d'un corps certain est un contrat à exécution instantanée car tous les effets du contrat se déroulent en même temps.

23. Le contrat est *successif* lorsque l'accomplissement des prestations des parties s'échelonne dans le temps. La durée est une caractéristique essentielle de ce type de contrat. Exemples : le contrat de bail, le contrat de travail.

24. L'intérêt majeur de la distinction entre le contrat instantané et le contrat successif réside dans le fait que l'annulation ou la résolution de ces deux contrats n'ont pas les mêmes effets. Pour les contrats instantanés, *l'annulation ou la résolution a un effet rétroactif* et l'on procède à la restitution des prestations fournies. Pour les contrats successifs, *la* *rétroactivité ne peut pas jouer*, on dit par exemple que le contrat de bail est résilié. La résiliation n'a d'effet que pour l'avenir.

B./La classification selon le type de contrat

25. Suivant le type de contrat, on distingue 4 classifications majeures : les contrats nommés et les contrats innomés (**1**), les contrats principaux et les contrats accessoires (**2**), les contrats de droit privé et les contrats de droit public (**3**), les contrats internes et les contrats internationaux (**4**).

1. Les contrats nommés et les contrats innomés

26. Certains contrats sont spécialement organisés, soit par la loi, soit par les usages professionnels. Un contrat est *nommé* lorsqu'il correspond à une catégorie de contrat créé par la loi, laquelle en détermine les conditions et les effets. On parle de contrats nommés parce que la loi ou les usages qui les réglementent leur donnent un nom. Le contrat de vente, le contrat de louage, le contrat de mandat, le contrat de travail sont des contrats nommés.

27. D'autres contrats sont créés spontanément par la pratique et n'existent pas en tant que tels dans la loi. Ce sont des *contrats innomés*, qu'on appelle aussi *contrats sui generis*. Le *contrat innomé* est celui qui ne fait l'objet d'aucune mesure légale particulière. Il en est ainsi du contrat de déménagement.

Le contrat innomé est soumis aux règles générales des obligations régissant tous les contrats. Le régime juridique est celui voulu par les parties *sous réserve de l'ordre public et des bonnes mœurs*.

2. Les contrats principaux et les contrats accessoires

28. Un *contrat principal* est celui qui, par lui-même, permet d'atteindre le résultat escompté par les parties. Il peut subsister par lui-même, et indépendamment de toute autre convention. C'est le cas par exemple de la vente, du bail.

29. Le contrat accessoire suppose l'existence d'un autre rapport du droit au sein duquel il s'intègre. Il s'agit, soit de parfaire le contrat principal, soit d'en permettre l'exécution. C'est l'exemple d'une hypothèque contractée en vue du remboursement d'un prêt.

3. Les contrats de droit public et les contrats de droit privé

30. Le contrat de droit public se définit comme un « *contrat passé par une personne publique ou pour son compte et soumis à la compétence et au droit administratifs, soit par disposition expresse de la loi, soit en raison de la présence de clauses exorbitantes de droit commun dans ses stipulations, soit parce qu'il confère à son titulaire une participation directe à l'exécution d'une activité de service public*[8]. »

31. Le contrat de droit public se distingue du contrat de droit privé en ce qu'il obéit aux impératifs de l'intérêt général. Il se démarque du contrat de droit privé par deux critères essentiels : un critère organique et un critère matériel.

Suivant le critère organique, le contrat est un contrat de droit public si au moins une personne morale de droit public est partie au contrat. Le contrat conclu entre deux personnes privées est en principe de droit privé même si l'une des personnes privées est chargée d'un service public.

Toutefois, le juge administratif français a appliqué les notions de mandat et de représentation pour admettre que ce type de contrat pouvait être administratif dès lors qu'une des parties agit « pour le compte d'une personne publique. »[9] Il s'agit donc d'une exception qui s'applique lorsque la personne privée agit pour le compte d'une personne morale de droit public.

Le critère matériel se base sur deux sous-critères alternatifs, l'un relatif au contenu du contrat qui comporte des clauses exorbitantes de droit commun[10], l'autre relatif à l'objet du contrat qui porte sur l'organisation et l'exécution d'un service public[11]. Les clauses exorbitantes du droit commun sont les clauses conférant aux parties des droits et obligations étrangers par nature à ceux librement consenti dans les contrats de droit privé[12].

---

[8] Thierry DEBARD et Serge GUINCHARD, *Lexique des termes juridiques*, Paris, Dalloz, 2019-2020, 25e éd., p. 278.

[9] C.E., *Société Brossette*, 30 janvier 1931, Rec. p. 123.

C.E., *Société des granits porphyroïdes des Vosges*, 31 juillet 1912, Rec. p. 909, concl. BLUM.

[11] C.E., *Époux Bertin*, 20 avril 1956, Rec. p. 167.

[12] Le régime exorbitant du droit commun peut également découler d'un texte législatif ou réglementaire qui déroge au droit commun et s'applique indépendamment de la volonté des parties

4. Les contrats internationaux et les contrats internes

32. Le *contrat international* est un contrat qui présente un élément d'extranéité, c'est-à-dire qu'il implique le contact avec un ou plusieurs ordre(s) juridique(s) étranger(s). L'élément d'extranéité peut être le domicile à l'étranger d'une des parties au contrat, sa nationalité, le lieu de conclusion ou d'exécution du contrat, etc. Ces éléments doivent être suffisants pour rendre le contrat international.

33. Un contrat interne ne comporte aucun élément d'extranéité. L'intérêt de la distinction entre un contrat interne et un contrat international provient de l'existence du principe d'autonomie. Ce principe permet de désigner la loi applicable au contrat.

C./La classification selon le mode de formation du contrat

34. D'après leur mode de formation, on distingue les contrats consensuels et les contras non-consensuels (**1**), les contrats individuels et les contrats collectifs (**2**), les contrats négociés et les contrats d'adhésion (**3**).

1. Les contrats consensuels et les contrats non consensuels

35. Le *contrat consensuel* est celui qui se forme par un accord de volonté sans *aucune condition de forme.* En général, dans cette catégorie de contrat, l'écrit n'est pas nécessaire pour sa formation, et par conséquent sa validité. Le contrat se forme par le simple échange de consentement, qu'il soit écrit ou verbal.

36. Encore appelés *contrats formalistes*, les *contrats non consensuels* sont ceux donc la formation requiert, outre l'expression du consentement, la production d'une formalité déterminée.

Certains de ces contrats sont dits *solennels.* La formalité qui y est exigée est tantôt la formation d'un acte notarié (*l'hypothèque par exemple*), tantôt la rédaction d'un écrit quelconque (*l'exemple du gage*[13]).

---

[13] Voir article 44 et s. de l'Acte uniforme portant organisation des sûretés.

2. Les contrats individuels et les contrats collectifs

37. Le *contrat individuel* est celui conclu entre deux ou plusieurs personnes et donc les effets n'engagent conformément au principe de l'effet relatif des contrats que ces personnes qui y sont parties. Ce contrat ne produit des effets qu'à l'égard des personnes qui s'engagent. Il en est ainsi du contrat de vente, du contrat de travail, du contrat de location.

38. Le *contrat collectif* produit des effets à l'égard des personnes qui n'y ont pas participé. Il s'applique aux personnes qui se sont engagées, mais également à d'autres personnes qui ne se sont pas engagées personnellement.

C'est le cas de la convention collective qui est signée par le patronat et les syndicats de salariés qui s'engagent respectivement pour les employeurs et salariés d'un secteur d'activité. À cet effet, lorsqu'elle est signée, la convention collective s'appliquera, surtout si elle est étendue, à tous les salariés de la branche d'activité considérée, qu'ils soient syndiqués ou non.

3. Les contrats de gré à gré et les contrats d'adhésion

39. Un contrat est dit *de gré à gré* lorsque les clauses contractuelles sont négociées par les parties. Les parties sont libres de discuter chacune des stipulations contractuelles, ce qui les place sur un même pied d'égalité. C'est le principe de gré à gré, ce qui n'est pas le cas dans un contrat d'adhésion.

40. Dans un *contrat d'adhésion*, toutes les conditions sont fixées par l'une des parties, l'autre ayant le choix de les accepter en bloc ou de les rejeter en bloc sans être à mesure d'obtenir que les clauses soient modifiées. Il en est ainsi du contrat de transport, du contrat d'assurance.

Dans le contrat d'adhésion, le contrat est conclu entre deux parties dont l'une ne peut discuter les différentes clauses et n'a que la liberté d'accepter ou de refuser le contenu global de la proposition de convention. L'amenuisement de la liberté contractuelle franchit un pas de plus lorsqu'il s'agit de contrats forcés. Nous savons que certaines assurances sont obligatoires.

******

****

41. L'objectif visé à travers cet ouvrage est de fournir aux négociateurs et rédacteurs de contrats des outils et méthodes indispensables pour une formalisation sécurisée des engagements contractuels. L'acquisition de certains réflexes est essentielle pour optimiser la négociation et la rédaction des contrats. Il faut maîtriser la négociation des clauses sensibles du contrat et leur rédaction, mais aussi savoir identifier les risques majeurs de responsabilité et prévenir les litiges.

42. L'ouvrage contient des conseils sur les techniques de négociation et de rédaction des contrats. Il explique en des termes clairs et concis, avec des exemples à l'appui, un certain nombre de règles fondamentales, de questions courantes et de points juridiques en rapport avec le processus contractuel.

43. L'ouvrage est essentiellement consacré aux contrats de droit privé qui se distinguent des contrats de droit public dits contrats administratifs. Si la formation d'un contrat de droit privé est en principe libre, tel n'est pas le cas des contrats de droit public dont les conditions de passation voire d'exécution ou de résiliation sont rigoureusement réglementées[14]. Il s'agit, en général, de contrats nommés qui n'appellent pas de développements particuliers dans le cadre de cette étude.

44. Sous le bénéfice de ces observations liminaires, l'itinéraire contractuel plaide en faveur d'une division de l'étude en deux parties. À cet effet, l'ouvrage présente d'une part, les règles de négociation des contrats (**première partie**) et, d'autre part, les techniques de rédaction des contrats (**deuxième partie**). Des annexes complètent l'ouvrage.

---

[14] Voir not. : – Bénin : Loi n° 2017-04 du 19 octobre 2017 portant Code des marchés publics.– Burkina Faso : Loi n° 039-2016/AN portant réglementation de la commande publique. – Cameroun : Décret n° 2018/366 du 20 juin 2018 portant Code des marchés publics. – Congo : Décret n° 2009-156 du 20 mai 2009 portant Code des marchés publics. – Côte d'ivoire : Décret n° 2019-679 du 24 juillet 2019 portant Code des marchés publics. – Gabon : Décret n° 2012-254 du 19 juin 2012 portant Code des marchés publics. – Mali : Décret n° 2015-0604/P-RM du 25 septembre 2015 portant Code des marchés publics. – Niger : Décret 2016-641 du 1er décembre 2016, portant Code des marchés publics et des délégations de service public. – RDC : Loi n° 10/010 du 27 avril 2010 relative aux marchés publics. – Sénégal : Décret n° 2014-1212 du 22 septembre 2014 portant Code des marchés publics. – Tchad : Décret n° 2417/PR/PM/2015 portant Code des marchés publics. – Togo : Décret n° 2009-277 du 11 novembre 2009 portant Code des marchés publics et des délégations de service public.

PREMIÈRE PARTIE :

LA NÉGOCIATION DU CONTRAT

45. La négociation est indissociable de notre vie personnelle et professionnelle, elle nous suit partout. Le négociateur peut s'apparenter, par certains côtés, à un conducteur automobile qui amorce un virage. Il doit le prendre le mieux possible, surtout s'il s'agit d'un tournant abrupt. À défaut, il risque de connaître la détresse du chemin perdu, d'une sortie de route ou d'un mur percuté.

46. D'après Le Petit Robert, dictionnaire de la langue française, « *La négociation correspond aux séries d'entretien, de démarche, qu'on entreprend pour parvenir à un accord ou pour conclure une affaire.* » Juridiquement, « *négocier, c'est discuter en vue d'aboutir à un accord* ». D'une manière générale, la négociation est un processus par lequel deux ou plusieurs parties cherchent à établir un accord sur ce que chacune entend prendre ou donner.

47. La phase de discussion, de négociation ne s'applique pas à tous les contrats. La formation du contrat peut résulter de la rencontre instantanée des consentements. Il en est ainsi des contrats instantanés encore appelés contrats « *coup de foudre* » qui se concluent en un trait de temps. À titre d'exemple, on peut citer le contrat de transport, le contrat d'achat d'une bouteille d'eau minérale.

Il arrive souvent que les parties se contentent du « *prêt-à-porter* », surtout lorsqu'il s'agit de contrats à enjeu économique faible. Elles préfèrent s'en remettre à une réglementation préexistante, sans avoir à négocier les clauses de leur contrat. Ce contrat relèvera donc de la catégorie des *contrats d'adhésion bilatérale.*

La construction du contrat peut aussi être assurée par une seule des parties qui impose unilatéralement et sans discussion possible les termes du contrat à l'autre partie. Le contrat est rédigé par avance et *ne varietur.* Ce *contrat type*, ou *contrat d'adhésion unilatérale*, est fréquemment utilisé dans le cadre de relations commerciales entre une entreprise commerciale et ses clients. Ici, le client n'a pas d'autre choix que celui d'accepter ou de refuser le contrat qui lui est proposé. Il en est ainsi des contrats d'abonnement au service de l'eau, de l'électricité, etc.

48. Lorsque l'opération juridique envisagée par les parties présente un enjeu important sur le plan économique, la négociation est inéluctable. Elle s'impose également lorsque l'opération est complexe ou ne répond à aucun régime juridique préexistant. Dans, ce cas, il faudra construire le contrat graduellement, c'est-à-dire étape par étape. En conclusion, plus l'opération juridique envisagée est originale, plus la négociation s'impose. Les parties doivent essayer de créer un accord adapté à leur situation. Elles vont faire du « sur mesure ».

49. La période des pourparlers est une étape importante dans la conclusion du contrat. Elle permet aux parties de prendre connaissance de toutes les données économiques et techniques relatives au contrat, mais surtout de s'assurer que leurs intérêts sont pris en compte dans l'opération envisagée. Les parties pourront ainsi vérifier la véracité des informations reçues et, au besoin, requérir des garanties supplémentaires. Elles pourront s'assurer que tous les risques, notamment juridiques, ont été identifiés et maîtrisés.

50. Avant de s'engager dans une négociation, il faut en maîtriser les mécanismes de négociation. Ce serait une erreur de penser que la négociation n'engage en rien les parties tant que la signature du contrat n'a pas eu lieu. Il faut être conscient des risques juridiques sous-jacents à toute négociation. Sous ce rapport, pour réussir dans la négociation, il faut, d'une part, mettre au point des techniques adéquates de négociation (**chapitre 1**) et, d'autre part, maîtriser le déroulement de la phase précontractuelle (**chapitre 2**).

CHAPITRE 1 :

LES PRINCIPES DE BASE DE LA NÉGOCIATION

51. Négocier c'est chercher ensemble une solution qui convient à chacune des parties, c'est participer à la décision et préserver au mieux les intérêts mutuels. Une bonne négociation est celle dans laquelle aucune des parties ne sent qu'elle a perdu. Elle doit aboutir à un accord « gagnant-gagnant ».

52. Une solution coopérative est toujours meilleure qu'une solution autoritaire. Elle permet une collaboration fructueuse et durable, car elle engage la confiance. Sous ce rapport, un bon négociateur doit cultiver certaines valeurs. Il doit rechercher une compréhension mutuelle, produire une solution, expérimenter de nouvelles pistes, accorder le droit à l'erreur et postuler la confiance.

Mais ces valeurs ne suffisent pas pour réussir une négociation. Le succès d'une négociation dépend également de sa préparation (**section 1**) et de la manière dont elle est conduite (**section 2**).

SECTION 1 : LA PRÉPARATION DE LA NÉGOCIATION

53. Une négociation ne s'improvise pas, elle se prépare.[15] Une négociation bien préparée a toutes les chances de réussir. Préparer sa négociation, c'est avoir une vue claire de la situation. Pour cela, il faut connaître son dossier (**§ 1**), définir ses objectifs (**§ 2**) et élaborer une stratégie (**§ 3**).

§ 1 – Réunir les éléments relatifs au dossier

54. L'information joue un rôle déterminant lors d'une négociation. Il faut s'imprégner du dossier (**A**), mais également obtenir des informations sur la partie adverse en vue d'apprécier les rapports de force (**B**).

---

[15] Comme disait Richard Nixon : « Il faut toujours être prêt à négocier mais ne jamais négocier sans être prêt ».

A./S'imprégner du dossier

55. Une négociation n'est pas une simple vue de l'esprit. Elle repose sur des faits concrets et objectifs. Pour cette raison, le négociateur doit connaître son dossier. Il doit prendre connaissance, lire, relire et analyser les notes et documents du dossier.

Il lui revient de rechercher les informations nécessaires à l'appui de ses positions. Cette information doit être précise et fiable. Afin de préparer et renforcer ses arguments, le négociateur doit toujours anticiper les réclamations que l'autre partie soulèvera, de même que sa réaction à ses propres réclamations.

56. Le négociateur doit tester ses arguments face à ces hypothèses, et si nécessaire les améliorer. Il doit préparer les faits, les chiffres, les arguments, les objections, les réponses aux objections. Bien négocier c'est surtout bien prévoir, et souvent la partie qui s'en sort à son avantage est celle qui a le mieux prévu le futur déroulement d'une négociation.

Il est essentiel de choisir judicieusement les arguments susceptibles de persuader son partenaire, car négocier c'est convaincre. Pour être pertinents, les arguments doivent être véridiques et objectifs.

57. En matière de négociation, une fausse information, voire une information inutile, sera toujours plus préjudiciable que l'absence d'information. À cet effet, le choix des éléments à mettre à la disposition de votre adversaire doit se faire de façon méticuleuse.

B./Rechercher des informations sur la partie adverse

58. La préparation d'une négociation passe également par la recherche d'informations sur la partie adverse. Par partie adverse, il faut entendre non seulement les acteurs qui seront présents à la table de négociation, mais également leurs collaborateurs qui n'y seront pas.

59. La phase de collecte d'informations permet, à partir des éléments recueillis, de connaître la stratégie de l'adversaire, ses enjeux, ses objectifs, ses points faibles et ses atouts. Ces informations portent notamment sur :

- la dimension statutaire de l'autre partie (société mère, holding, filiale...) ;

- la puissance économique de l'autre partie, sa solvabilité, son degré de maîtrise du dossier, son niveau de conviction et d'engagement ;
- les enjeux, c'est-à-dire l'importance de ce que l'on peut accepter de perdre ou de gagner ;
- les antécédents sur le même objet, notamment l'existence de contentieux ;
- les moyens de pression et/ou la capacité de nuisance dont disposent les protagonistes, etc.

Cette démarche permet aussi de sonder la personnalité et le pouvoir de chaque acteur, de connaître son caractère, ses phobies, ses manies, ses passe-temps, qui sont autant d'éléments supplémentaires nécessaires à une bonne négociation. Les Japonais qui sont des fins négociateurs attachent une grande importance à cette découverte de l'autre sans laquelle aucune discussion technique ne peut avoir lieu.

60. À partir des éléments recueillis, vous pouvez vous faire une idée du rapport de force et définir votre stratégie de négociation. En effet, il ne faut jamais oublier que la négociation fait appel à des facteurs humains parfois déterminants.

Mais, où peut-on obtenir ces informations ? Ces informations peuvent être obtenues :

- en consultant des moteurs de recherche sur Internet ;
- à partir de l'analyse des documents échangés entre les parties avant le début des négociations ;
- au niveau du registre du commerce et du crédit mobilier (RCCM)[16] (copie des statuts de l'entreprise, inscription des privilèges, etc.) ;
- auprès des sociétés de renseignements financiers et commerciaux, etc.

---

[16] Suivant l'article 36 de l'AUDCG, le RCCM est tenu par le greffe de la juridiction compétente ou l'organe compétent dans l'État Partie sous la surveillance du Président de ladite juridiction ou du juge délégué par lui à cet effet ou de l'autorité compétente dans l'État Partie. Dans chaque État-partie, un Fichier National centralise les renseignements consignés dans chaque Registre du Commerce et du Crédit Mobilier. Un Fichier Régional, tenu auprès de la Cour Commune de Justice et d'Arbitrage, centralise les renseignements consignés dans chaque Fichier National. Les informations figurant dans les formulaires remis au greffe ou à l'organe compétent dans l'État-partie et dans les registres et répertoires du Registre du Commerce et du Crédit Mobilier sont destinées à l'information du public. Voir Yvette Rachel KALIEU ELONGO, « Le rôle du registre du commerce et du crédit mobilier OHADA dans l'amélioration de l'accès au crédit », dans André AKAM AKAM (dir.), *Les mutations juridiques dans le système OHADA*, Paris, L'Harmattan, 2009, n° 1, p. 133.

§ 2 – Définir des objectifs

61. Définir ses objectifs, c'est, d'une part, fixer ses limites (**A**) et, d'autre part, prévoir des solutions de repli (**B**).

A./Fixer ses limites

62. Avant d'entamer une négociation, il faut savoir ce que l'on veut. C'est une étape fondamentale. Il *convient tout d'abord de s'interroger sur ce qui doit être négocié.* Quel est *l'objectif* qui vous est fixé ? Quelles sont les contraintes à respecter ?

63. Il ne faut jamais oublier qu'en matière de négociation, « *si vous ne savez pas où vous allez, il est probable que vous n'arriverez nulle part* ». Plusieurs considérations doivent être prises en compte lors de la fixation des objectifs. Dans le cadre de négociations d'achat, ces considérations peuvent porter sur le prix, le rapport qualité-prix, la livraison, les conditions de paiement, le service après-vente, etc.

64. Lorsque les considérations clés sont arrêtées, il faut pour chacune d'elles définir des objectifs. Cette approche devrait vous permettre d'identifier un ensemble d'objectifs, plutôt qu'une seule cible, en prévoyant une marge de manœuvre avec une hypothèse haute, une hypothèse basse et un seuil à ne pas franchir. Il n'y a pas de négociation possible sans marge de manœuvre. Définir sa marge de manœuvre, c'est se fixer :

- Un objectif maximum – le meilleur résultat possible ;
- Un objectif minimum – le résultat le plus bas acceptable ;
- Un objectif cible – avec réalisme, ce que vous comptez obtenir.

65. Les objectifs doivent être clairs, réalistes et raisonnables. Ils doivent permettre de savoir ce sur quoi vous êtes prêts ou non, à faire des compromis. Bien évidemment, les objectifs sont définis, en tenant compte notamment des contraintes et des enjeux financiers, mais également psychologiques, politiques ou conjoncturels.

66. La définition des objectifs *doit résulter d'un travail de groupe* mené avec beaucoup de sérieux et d'objectivité. À titre d'exemple, et à l'échelle d'un pays, une négociation sur le commerce de la banane engage à la fois le Ministère du Commerce, le Ministère des Affaires étrangères, celui de l'Agriculture et celui de l'Économie et des Finances.

Par conséquent, il faut associer à la phase préparatoire, les membres de votre entreprise qui, à un titre ou à un autre, interviendront dans la mise en œuvre de l'accord signé, même s'ils ne participeront pas à la négociation. Un négociateur ne peut être poly-compétent, il ne peut avoir une connaissance aussi bonne qu'un technicien dans son domaine.

67. Afin de faciliter le déroulement de la négociation, les objectifs doivent être classés par ordre de priorité. Des objectifs bien définis, classés de façon claire par ordre de priorité permettent au négociateur d'avoir une vue d'ensemble sur ceux qu'il lui faut atteindre absolument et ceux sur lesquels, il peut être souple. De ce fait, le négociateur aura une vision claire et ne sera pas facilement influencé par la position de l'autre partie.

Pour chaque objectif, il faut savoir si un mandat est obligatoire ou simplement souhaitable !

B./Prévoir des solutions de repli

68. *« En négociation aussi, le pire n'est jamais sûr... Mais s'y préparer est la meilleure façon de l'éviter. »* La fixation des objectifs permet de déterminer les solutions de repli. À cet effet, le négociateur doit élaborer avant la négociation sa meilleure solution de repli ou de rechange au cas où, la négociation n'avance pas ou s'enlise. Il est souvent nécessaire de se replier que de poursuivre une négociation dans laquelle vous serez perdant à tous les coups.

69. Un bon négociateur, *c'est celui qui sait ce qu'il fera si les négociations échouent.* Pour ce faire, il faut arrêter par avance des solutions de repli. Le négociateur doit identifier sa meilleure solution de rechange et viser toujours mieux que sa solution de repli. Il faut se préparer à demander à interrompre la négociation si elle s'enlise ou prend une mauvaise tournure. Dans tous les cas, il ne faut pas conclure si la solution est moins bonne que sa solution de repli.

D'après Roger Fischer et William Ury[17], le moyen d'évaluer l'intérêt ou non à signer un accord repose sur votre « *Best Alternative To a Negotiated Agreement (BATNA)*[18] », c'est-à-dire sur votre meilleure solution de rechange. Celle-ci apporte de la sécurité, vous permet de garder la tête froide le moment venu.

---

[17] Roger Fischer and William Ury, *Getting to yes*, Houghton Mifflin Company, Boston 1981.

[18] En français, MESORE, c'est-à-dire Meilleure Solution de Rechange.

Elle vous permet d'éviter toute déstabilisation qui peut vous conduire à la signature d'un mauvais accord.

70. En fonction du contexte de la négociation, il existe de nombreux exemples de solutions de repli. Dans le cadre de la négociation d'un contrat de maintenance informatique, la solution de repli pourrait, par exemple, consister à former un collaborateur en interne pour lui confier la tâche, à lancer un appel d'offres pour avoir des propositions concurrentes plus attractives.

§ 3 – Élaborer une stratégie

71. Lorsqu'on prépare une négociation, il faut mettre en place une stratégie pour atteindre l'objectif qu'on s'est fixé, c'est-à-dire le résultat escompté. Le choix du lieu et de la date de négociation (**A**), la composition de l'équipe de négociation, la distribution des rôles (**B**) sont essentiels dans la stratégie.

A./Le choix du lieu et de la date des négociations

72. Le choix du lieu (**1**) et de la date (**2**) des négociations revêt un intérêt stratégique, d'où la nécessité d'y penser lors de la phase préparatoire.

1. Le choix du lieu des négociations

73. Le choix du lieu des négociations est rarement neutre. Chacune des parties préfère choisir un environnement où il se sent à l'aise, pour notamment discuter. Ce choix, en apparence, anodin représente un avantage psychologique certain qui ne doit pas être négligé.

En général, *il est préférable que la négociation se déroule dans son entreprise.* Cela permet d'avoir à sa portée toutes les informations nécessaires. En outre, ses collaborateurs pourront intervenir facilement en cas de besoin.

74. En pratique, le lieu choisi pour les négociations doit être un endroit sûr et accessible. Il doit être confortable et permettre à chacune des parties de pouvoir s'entretenir discrètement, c'est-à-dire en toute sécurité. Bref, il doit s'agir d'un endroit adapté.

Par ailleurs, il faut avoir à l'esprit que si on choisit de mener les négociations dans un pays étranger, il faut s'assurer que l'on saisira toutes les subtilités de la négociation.

2. Le choix de la date des négociations

75. La date des négociations ne doit pas être choisie à la légère. Ce choix repose sur un certain nombre de contraintes qui peuvent avoir des incidences sur le calendrier des réunions. Par exemple, si l'on choisit les dates de négociation sans se soucier des jours fériés ou des fêtes religieuses, il est à craindre une prolongation de la durée des négociations.

De même, les échéances politiques ou administratives dans un pays peuvent impacter négativement sur les négociations. Il est donc important de prendre en compte ces paramètres au moment du choix de la date de négociation. En résumé, le calendrier des négociations doit être établi avec soin.

B./La définition des rôles

76. Pour atteindre l'objectif recherché, il faut non seulement constituer une équipe dédiée (**1**), mais, il faut aussi choisir le style de négociation (**2**).

1. La constitution de l'équipe de négociation

77. La composition de l'équipe de négociation est un aspect important qui est parfois négligé. Il est d'ailleurs conseiller de négocier en équipe, car il est difficile pour une personne de maîtriser tous les aspects techniques du domaine d'une négociation.

78. Si vous négociez en tant qu'équipe, vous devez répartir les rôles et les responsabilités. À cet effet, il faut régler un certain nombre de questions :

- Qui fera partie de votre équipe de négociation ? La composition de l'équipe doit tenir compte l'objet de la discussion.
- Quelle sera la taille de votre équipe ?
- Comment sera disposée votre équipe autour de la table de négociation ? Il faut choisir la disposition la plus pratique qui vous permettra, notamment de chuchoter entre vous ou d'échanger des petits mots.
- Qui dirigera votre équipe de négociation et par ricochet la discussion ?
- Qui vérifiera que tout est bien compris (faire la synthèse de ce qui a été dit, le porte-parole) ?

- Qui posera des questions ? Qui répondra aux questions de l'autre partie ?
- Qui s'attachera à réduire les tensions et à montrer de l'intérêt pour les autres participants ?
- Qui prendra des notes ? Cette tâche revient en général au juriste du groupe. Bien que certains considèrent cette tâche comme ingrate[19], il est conseillé de conserver la main sur la rédaction du rapport. Cela permet de maîtriser le périmètre des discussions, ce qui peut constituer un avantage redoutable.

79. Avant de s'engager dans la négociation, il faut être sûr que l'on maîtrise tous les éléments permettant de contrôler, de décider et de réajuster ses positions en connaissance de cause.

2. Le choix du style de négociation

80. La négociation doit toujours être considérée comme un des moyens prioritaires pour parvenir à un but. L'orientation générale donnée à l'action du négociateur, autrement dit l'organisation des tactiques, constitue la stratégie. Cela nécessite une certaine expertise dans le domaine d'application de la négociation. S'engager dans une négociation sans méthode précise et sans stratégie claire est une erreur disqualifiante.

81. Parmi les facteurs de réussite d'une négociation, on peut citer : la création d'un climat propice au consensus, une bonne organisation de la négociation, le fait de garder l'initiative dans les débats, le respect de la partie adverse, le temps et la patience, le fait d'amener la partie adverse à penser comme soi. Ce sont autant d'éléments à intégrer dans sa stratégie.

82. La stratégie permet de façonner le climat de la négociation, de définir le meilleur chemin pour atteindre ses objectifs. Le secret d'une bonne négociation repose notamment sur une stratégie adéquate capable de conduire l'autre partie à choisir ce que vous voulez, tout en satisfaisant ses attentes.

Il n'y a pas de stratégie préconçue en matière de négociation. Plusieurs écoles s'affrontent sur la question, mais les choix d'ordre stratégiques sont, en général, dictés par les intérêts en

---

[19] En effet, il est fréquent lors des négociations de voir les rapporteurs se passer de la pause déjeuner, afin de finaliser le pré-rapport qui doit être prêt dans l'après-midi, en vue de sa validation par les parties en négociation. C'est aussi cela qui fait le métier.

jeu. Le plus important c'est de trouver un terrain d'entente sur les conditions de la transaction.

83. Très souvent, chacune des parties adopte une approche de négociation qui consiste à « *vouloir obtenir ce pour quoi elle est venue, à gagner la négociation, et si elle gagne l'autre partie aura perdu* ». Cette approche « *gagne-perd* » n'est, pour autant, pas judicieuse à long terme. Elle n'est pas efficace. Il ne faut jamais perdre de vue deux choses :

- La négociation marque le début d'un processus, car vous devrez sans doute continuer à travailler ou à négocier avec l'autre partie.
- Votre attitude actuelle déterminera les attentes vis-à-vis de votre comportement futur. Dans ce cas, vaut mieux opter pour la formule « *gagne-gagne* », « *win-win* ».

84. Le bon négociateur est celui qui opte pour la stratégie « *gagnant-gagnant* », un compromis, un équilibre. Il n'a pas besoin de mettre de l'huile sur le feu ou d'opérer un passage en force pour aboutir à un accord.

SECTION 2 : LA CONDUITE DE LA NÉGOCIATION

85. La négociation est un art qui s'appuie sur l'expérience. Elle exige un certain talent, un sens de la diplomatie, des capacités d'adaptation, de réaction, d'imagination et d'inventivité qui ne sont pas à la portée de tous, mais qui peuvent s'apprendre. Aussi, la connaissance de certains principes est indispensable dans la conduite d'une négociation. Il faut discuter du problème (**§ 1**), négocier un compromis (**§ 2**) et obtenir le « oui » définitif (**§ 3**).

§ 1 – Discuter du problème

86. Dans une négociation, il important de dissocier les problèmes de personnes des problèmes de fond. Il faut discuter du problème et chercher à comprendre les problèmes et les objectifs de l'autre partie. Pour cela, il faut, d'une part, avoir une bonne capacité d'écoute (**A**) et, d'autre part, savoir poser les bonnes questions (**B**).

A./Avoir une écoute active

87. Négocier, c'est avant tout accepter l'existence de l'autre. Par conséquent, il faut l'écouter et le comprendre. Il existe deux sortes d'écoute : l'*écoute auditive* et l'*écoute visuelle*. L'écoute auditive consiste à entendre le langage verbal, alors que l'écoute visuelle permet d'observer le langage non verbal.[20]

88. L'écoute est essentielle dans une négociation. Il est plus efficace d'écouter que d'avoir le verbe facile. Ainsi, il est conseillé d'écouter attentivement les idées de la partie adverse, même si celles-ci vous paraissent fantaisistes, car elle ne cherche pas nécessairement à vous piéger.

89. Une écoute active et sélective permet de décoder, à travers les attitudes verbales et non verbales, les besoins, les motivations et l'état d'esprit de la partie adverse, etc. Par conséquent, en écoutant attentivement ce que l'autre partie dit, on se familiarise avec ses inquiétudes, ses propositions et ses objectifs, on instaure un climat de confiance et de sécurité.

Bien écouter peut donc déclencher la sympathie chez l'interlocuteur et créer la confiance. De même une bonne écoute peut permettre, non seulement de recueillir une information indispensable à l'argumentation et au traitement des objections, mais aussi de percevoir l'impact des arguments de la partie adverse et de modifier ses propos. Le fait de tenir compte des intérêts de son partenaire peut l'encourager à tenir compte des vôtres.

Au cours de certaines négociations, il arrive souvent de se concentrer sur ce qu'on va dire quand l'autre aura fini, plutôt que d'écouter ce qui est en train d'être dit. Cette attitude est à déconseiller.

Si l'écoute est indispensable, il n'en demeure pas moins que la négociation n'est pas un monologue. C'est un échange qui conduit à poser des questions.

B./Poser les bonnes questions

90. Un négociateur doit savoir poser les bonnes questions pour accoucher la vérité. Cet exercice permet :

- de faire parler l'autre partie, d'étudier ses arguments ;
- d'obtenir plus d'information sur l'autre partie et de s'assurer qu'on comprend l'information qu'elle vous a donnée.

---

[20] Guy BARRIER, *La communication non verbale – Comprendre les gestes : perception et signification*, ESF, 2019, 200 p. – Jean-Claude MARTIN, *La bible de la communication non verbale*, LEDUC S., 2010, 352 p.

91. De manière générale, il y a deux types de questions : les questions ouvertes et les questions fermées. Le choix du type de question dépend souvent du contexte et de l'interlocuteur. Il faudra donc savoir naviguer entre questions ouvertes et questions fermées.

92. Les *questions ouvertes* sont celles qui apportent une information. Elles permettent d'obtenir des réponses riches en informations. Elles commencent par un pronom interrogatif : qui, quoi, où, quand, comment, combien, pourquoi.

Les questions ouvertes permettent de prolonger le dialogue et aident les gens à parler. Elles ouvrent un sujet. Elles sont aussi utiles pour explorer plus en détail une réponse jugée insuffisante la première fois. Si votre adversaire est de mauvaise foi, la question ouverte l'obligera à expliciter sa position, avec de sérieux risques de contradiction.

93. Les *questions fermées* sont celles qui apportent une précision. Elles permettent de valider, cadrer et obtenir un accord. Elles commencent par un verbe suivi du pronom sujet : Est-ce que... ? Pensez-vous que... ? La réponse est « OUI » ou « NON ».

En résumé, les questions fermées permettent d'obtenir une information exacte sur un sujet et d'éviter un malentendu. Elles peuvent aussi être employées lorsque vous voulez clôturer un sujet de discussion.

94. Les questions ouvertes ou fermées peuvent être suivies de questions d'approfondissement ou d'orientation. Les *questions d'approfondissement* aident à comprendre, faire réfléchir, vérifier et contrôler. Elles permettent d'approfondir la première réponse, en invitant, par exemple son partenaire, à développer sa proposition, ses solutions. *Exemple de question d'approfondissement : Vous dites que la solution proposée est compliquée. Qu'entendez-vous par compliquée ?*

Les *questions d'orientation* permettent d'influencer, guider voire suggérer. Ce sont des questions inductives qui servent à amener de manière subtile son interlocuteur au point de vue souhaité. En général, elles sont formulées sous forme de questions fermées. *Exemple de question d'orientation : Compte tenu des problèmes d'organisation dont vous m'avez fait part, peut-on dire que le projet va prendre du retard ?*

§ 2 – Négocier un compromis

95. Rarement, une négociation se déroule suivant le plan prévu. Dans toute négociation, ce que vous cherchez à obtenir n'est jamais aussi facile qu'il n'y paraît. À cet effet, négocier, c'est savoir proposer des solutions (**A**), déjouer les pièges (**B**) et pouvoir sortir des situations d'impasse (**C**).

A./Proposer des solutions

96. La négociation est tout d'abord une affaire de bon sens et de rigueur. Pour présenter efficacement ses propositions, il faut les aborder point par point, en commençant par traiter les questions les plus faciles sur lesquelles vous pourriez rapidement vous accorder. Cette technique permet aux parties de se mettre rapidement en confiance avant d'aborder les points les plus délicats.

97. Avant de présenter ses arguments, il faut réfléchir aux alternatives. Il ne faut pas se contenter de la première solution que vous avez imaginée. Il faut présenter des solutions qui tiennent aussi compte des intérêts de la partie adverse.

Lorsque les intérêts en jeu divergent, il faut faire preuve de patience et d'adaptation pour aboutir à un compromis. Mais, *il faut toujours garder à l'esprit ses objectifs.* Chaque fois que vous faites une nouvelle proposition ou concession, vous devez être sûr qu'elle s'inscrit dans vos limites. Cela peut parfois demander une grande capacité d'analyse et de réaction.

98. Pour faire passer ses arguments, il existe quelques petits trucs et astuces qui peuvent parfois s'avérer utiles. Il faut les préparer, c'est-à-dire, les avoir avec soi. Parmi ces trucs et astuces, on peut citer des anecdotes, des métaphores, de l'humour, le silence éloquent, etc.

99. Les *anecdotes*, les *métaphores* et *petites histoires* permettent d'agrémenter un discours. Comme le dit un proverbe chinois, « *une image vaut mille mots* » et peut souvent susciter de l'intérêt et de la sympathie.

L'*humour* qui est bien utilisé peut s'avérer efficace en matière de négociation. Mais attention, l'humour est à manipuler avec précaution en fonction des personnes auxquelles vous vous adressez. Il ne faut pas oublier la dimension culturelle qui conditionne notre façon de penser, voire de négocier. Ce qui n'est pas offensant et humiliant dans notre culture peut l'être sans aucune évidence dans une autre culture, surtout lorsqu'on négocie avec des partenaires étrangers.

Le silence est une forme de communication. Par conséquent, utilisé à bon escient et dans une juste proportion, le silence peut être une arme redoutable. Il permet d'accentuer une impression d'émotion voire d'enthousiasme. Un silence éloquent qui ponctue une phrase laisse la réflexion de votre interlocuteur en suspens et soulignera vos arguments de manière plus convaincante. Il va inciter l'interlocuteur à parler.

B./Déjouer les pièges

100. Dans une négociation, il faut savoir détecter et déjouer les pièges. Bref, il faut en sortir avec sourire et sérénité. Il ne sert souvent à rien d'insister si on se rend compte que son interlocuteur n'est pas réceptif.

Quand, par exemple, la négociation fait place à la polémique, il faut garder son calme et si possible dénoncer l'attitude de votre interlocuteur et réexpliquer votre position. Dans ce cas, il faut contrecarrer les attaques personnelles, les procès d'intention, l'ironie, la dérision et les tentatives de déstabilisation.

Par contre, si votre interlocuteur veut faire un passage en force, il faut y résister. Dans ce cas, il faut l'écouter sans l'interrompre, prendre note de sa position et amorcer la parade en développant vos arguments. Il faut faire comprendre à son partenaire « *qu'il a pressé le citron jusqu'à la dernière goutte* ».

101. L'argumentation permet d'étayer ses propositions. Elle doit être construite, solide et surtout basée sur des faits et des exemples concrets.

C./Sortir des impasses

102. Certains négociateurs habiles proposent souvent de fausses impasses, notamment en faisant semblant de camper sur leur position, pour faire monter les enchères et obtenir plus. D'autres vont souvent jusqu'à provoquer des crises. Il ne faut pas les redouter, les crises, les impasses font partie du « jeu ». Il faut les affronter le plus tôt possible. En effet, une négociation qui se passe trop bien n'aborde peut-être pas les vrais problèmes ou est le fait de négociateurs qui n'ont pas la moindre intention de tenir leurs engagements et de mettre l'accord en œuvre.

103. Plusieurs parades existent face à de telles attitudes. Dans un premier temps, vous pouvez laisser temporairement de côté le point objet de l'impasse et passer aux autres points, avant d'y revenir à la fin de la négociation au point litigieux. Dans une négociation, quand les deux tiers des points de celle-ci sont déjà réglés, l'envie de franchir le dernier obstacle est grand.

Dans un second temps, on peut utiliser l'arme de la suspension de séance. Une impasse naît souvent de la fatigue, de la baisse de créativité, du fait que les deux parties tournent en rond. On pense souvent que les suspensions de séance ne se font que dans les négociations officielles ou importantes. Cela peut être utilisé dans presque toutes les négociations.

Les suspensions de séance sont à maints égards utiles. Elles permettent à chacun de souffler et donnent du temps pour la réflexion. Si vous négociez en groupe, cela permet aussi de vérifier si les arguments de l'adversaire sont fondés et de considérer les nouvelles suggestions/offres de l'autre partie. Ainsi, on évite de perdre du temps à essayer de connaître l'opinion du reste du groupe dans des négociations qui s'enlisent. Enfin, les suspensions de séances permettent également les rencontres « dans le couloir », de se détendre autour d'un café, d'une boisson, ce qui peut toujours être utile.

Dans un troisième temps, on peut scinder le point à l'origine de l'impasse en deux ou trois sous-problèmes afin de les traiter individuellement.

§ 3 – Finaliser l'accord et clôturer les négociations

104. Les négociations peuvent échouer, comme elles peuvent réussir. Si elles réussissent, il faut, d'une part, finaliser l'accord (**A**) et d'autre part, gérer la clôture des négociations (**B**).

A./La finalisation de l'accord

105. Avant de finaliser un accord, il faut vérifier que les parties sont tombées d'accord sur tous les points objet de la négociation. Il faut s'assurer par des récapitulations que l'accord est bien compris et si possible proposer une confirmation écrite. Un compte-rendu du résultat des négociations, aussi informel soit-il, est souhaitable.

106. Si l'accord est oral, il est conseillé d'envoyer à l'autre partie une note écrite qui fait la liste des points acceptés, des désaccords, des interprétations et des clarifications telles que vous les percevez. Cela doit être fait aussitôt après la réunion[21].

107. Il faut toujours avoir à l'esprit que la finalisation d'une négociation ne se fait jamais à la hâte. La finalisation de la négociation doit se faire calmement, en s'assurant une fois de plus, que l'accord obtenu est fidèle à ce qui a été convenu. À titre d'exemple, dans une négociation internationale, un OUI prononcé par un japonais ne veut pas forcément dire OUI, je suis d'accord, mais OUI j'ai compris.

B./La clôture des négociations

108. Lorsque l'accord est signé, il faut éviter les questions d'après négociation. Elles peuvent tout remettre en cause ou générer des frustrations.

Afin d'optimiser la stabilité de l'accord qui vient d'être négocié, il est préférable d'éviter toute attitude triomphaliste. À défaut, on risque de donner l'impression à son partenaire de douter de la qualité de l'accord.

109. Enfin, à l'issue de toute négociation, il faut procéder à une évaluation à froid, afin d'analyser ce qui a marché et ce qui n'a pas marché. Cela permet de mieux se préparer pour les négociations futures.

110. Négocier, c'est aussi maîtriser le cadre juridique qui va sécuriser les pourparlers.

---

[21] Voir l'exposé de Mounir DABBABI sur les Techniques de négociation et de gestion des conflits, PNUD RCA, juin 2007.

... des écrits aussi importants et déclarés fictions, telles que ... es personnes. Celui dont il ... aussi ... la ...

10° ... avoir l'esprit ... la ... jusqu'à la fin de ... l'administration ... la ...

... ce qui ... cela ... ainsi ... de ... la ... consacrée A ...

... la ... pour ... de ...

... l'action ... la ... de l'accord ...

... de ... sur ... des ... de ... sur la ... à ... de ...

... entre ... de ... la ... d'admission ... de ... accord.

CHAPITRE 2 :

LES ASPECTS JURIDIQUES DE LA NÉGOCIATION

111. La formation du contrat n'est pas toujours un acte primitif par lequel un état de droit succède à un néant juridique, mais le point d'aboutissement de toute une période préparatoire de négociation soumise à l'intervention du droit. Au cours de cette période, les parties se rapprochent et explorent les possibilités de conclure entre elles un contrat.

Cette période qui sépare la rencontre des deux parties de la conclusion du contrat est plus ou moins longue suivant la nature et la complexité de l'opération envisagée. Pour certaines opérations, cette période peut durer des mois voire des années.

112. La phase des pourparlers est dominée par le principe de la liberté des négociations. Même si ce principe implique la liberté de conclure ou de ne pas conclure, chacune des parties devra veiller à négocier de bonne foi.[22] À cet effet, aucune partie ne doit, d'une manière ou d'une autre et à aucun moment, tromper la confiance que lui a, à bon droit, portée l'autre partie.

113. Pour saisir les mécanismes de protection des parties durant la phase des pourparlers, il faut examiner sa nature juridique (**section 1**) avant d'envisager sa rupture (**section 2**).

SECTION 1 : LA NATURE JURIDIQUE DES POURPARLERS

114. Le terme « *pourparlers* » désigne l'ensemble des discussions qui vont conduire les parties vers la conclusion du contrat.[23] Avant de présenter les différentes formes de pourparlers (**§ 2**), il faut examiner le devoir de loyauté qui caractérise cette période (**§ 1**).

---

[22] En général, les législations aussi bien nationales qu'internationales ne consacrent une obligation de loyauté qu'au stade de l'exécution de contrat. Toutefois, il ne faut pas conclure qu'elle est absente de la période précontractuelle, bien au contraire.

[23] C'est la phase de discussion du contrat.

§ 1 – Le devoir de loyauté

115. Le devoir de loyauté[24], qui prescrit aux parties de négocier de bonne foi, recouvre plusieurs aspects. Il impose aux parties une obligation d'information (**A**), sans laquelle il ne peut y avoir un consentement éclairé, mais également une obligation de confidentialité (**C**) et un devoir de conseil et de diligence (**B**).

A./L'obligation d'information

116. L'obligation d'information permet aux futurs contractants de mesurer la portée de leurs engagements et de contracter en parfaite connaissance de cause. Elle est destinée à protéger le consentement, car le respect de cette obligation permet d'éclairer les parties, afin que leur consentement soit donné en connaissance de cause.

117. L'information est, *a priori*, un moyen efficace pour s'assurer que le consentement a été donné dans de bonnes conditions. Par conséquent, chaque partie doit fournir à l'autre, toutes les informations utiles sur l'opération qu'elle envisage de conclure.

Dans la pratique, si l'un des négociateurs détient une information sur un *fait pertinent*, susceptible d'influencer le consentement de son partenaire, il se doit de la lui transmettre afin que celui-ci s'engage en pleine connaissance de cause. L'obligation d'information n'a de sens que si l'information était susceptible d'exercer une influence sur le consentement de l'autre partie, de telle façon qu'elle n'aurait pas conclu le contrat, ou ne l'aurait conclu qu'à des conditions plus favorables si elle avait eu connaissance. En matière bancaire, par exemple, le banquier doit attirer l'attention de ses clients sur les risques encourus dans une opération en bourse.

118. L'obligation d'information n'est pas limitée aux relations entre particuliers, elle existe également entre professionnels, en application d'un principe de nécessaire confiance mutuelle entre cocontractants. Sous ce rapport, la partie qui, au cours d'une négociation, dissimule une

---

[24] De manière générale, les législations aussi bien nationales qu'internationales ne consacrent une obligation de loyauté qu'au stade de l'exécution de contrat. Toutefois, il ne faut pas conclure qu'elle est absente de la période précontractuelle, bien au contraire.

information de nature à influer sur le consentement de son partenaire engage sa responsabilité[25]. Toutefois, cette obligation d'information s'impose avec plus ou moins de rigueur, suivant la qualité des parties en présence.

119. Le principe est admis aujourd'hui « *qu'il y a obligation d'informer celui qui ne peut s'informer* ». En d'autres termes, l'obligation d'information ne dispense pas le créancier de cette obligation de son devoir de renseignement. Par conséquent, l'obligation peut être écartée lorsque le créancier de l'obligation d'information pouvait facilement se renseigner et ne l'a pas fait.

120. L'obligation d'information consiste à donner une *information objective*, sans appréciation personnelle, bref un simple renseignement. Elle permet de fournir, par exemple, des renseignements objectifs sur les caractéristiques du produit. L'intensité de l'information est plus accentuée dans le devoir de conseil et de diligence.

B./Le devoir de conseil et de diligence

121. Le devoir de conseil est un segment de l'obligation d'information. Il intensifie l'obligation d'information. Ce devoir de conseil qui a été développé par la jurisprudence s'impose surtout dans les relations entre professionnel et profane.

122. Le *fondement* du devoir de conseil, c'est le caractère « profane » du consommateur face au professionnel considéré comme éclairé. Donc, pour qu'un contrat souscrit entre les deux soit équilibré, il faut que le niveau d'information des deux soit relativement équilibré. Comme le dit un proverbe chinois, « *lorsqu'on achète des souliers, on s'informe sur le pied* ».

123. Le *contenu* du devoir de conseil est assez immatériel. Il perdure tout au long du contrat qui lie le professionnel au consommateur. Le conseil va consister à renseigner son client sur l'opportunité de passer une opération, il s'agit alors d'une *obligation de conseil positive*. Mais il peut également s'entendre comme un devoir de mise en garde sur les risques encourus par le client, ce que d'aucuns appellent le devoir de déconseiller : une *obligation de conseil négative*.

Le débiteur de l'information a l'obligation d'alerter le client, de le conseiller. Il peut même aller jusqu'à dissuader le client de

---

[25] Jurisprudence française : Cass. Com., 27 février 1996, *Affaire Vilgrain*, JCP G 1996 II 22665, Obs. GHESTIN et Cass. Com., 12 mai 2004, *Aff. Beley c./ Société Former*, pourvoi n° 01-15.618.

conclure le contrat, si cela n'est pas adapté à ses besoins. Ainsi, le vendeur d'un équipement informatique doit s'assurer que le système d'exploitation du client est compatible avec l'équipement qu'il propose.

124. Le devoir de conseil se limite par contre à la *compétence* du conseiller. Celui-ci n'est pas forcément expert dans un domaine extérieur au sien ; l'assureur n'est pas par exemple un expert en risque.

125. Le professionnel n'est pas tenu au devoir de conseil si le consommateur *ne coopère pas,* s'il ne lui communique pas les informations qui auraient dû le pousser à donner un conseil particulier. En plus, le devoir de conseil ne s'applique pas aux informations *connues de tous*, qui n'ont pas forcément à être répétées par le professionnel.

126. Le devoir de diligence est également une déclinaison de l'obligation d'information. Il permet notamment de ne pas maintenir inutilement son partenaire dans l'expectative lorsque sa décision est prise, lorsqu'on ne veut plus poursuivre les négociations.

C./L'obligation de confidentialité

127. Le devoir de loyauté impose également aux négociateurs de respecter *une obligation de confidentialité*, qui leur interdit d'exploiter ou de divulguer aux tiers les informations obtenues au cours des négociations. Il sera, en effet, déloyal de profiter des négociations pour soutirer les secrets d'affaires, voire les droits de propriété intellectuelle de l'autre partie.

128. L'obligation de confidentialité, qui porte sur les informations obtenues au cours de la négociation, impose à la partie qui les reçoit de ne pas les divulguer ni les utiliser de façon indue à des fins personnelles. Cette obligation pèse sur les parties, que le contrat soit conclu ou non. La partie qui y manque pourra être condamnée à une indemnité contenant le cas échéant, le bénéfice qu'elle en aura acquis.

129. Il n'est cependant pas évident de déterminer les informations données à titre confidentiel de celles qui ne le sont pas. Il est donc conseillé d'encadrer ces informations. À cet effet, l'obligation de confidentialité peut faire l'objet d'un avant-contrat qui intervient avant l'accord principal dans l'optique de permettre de définir les informations confidentielles, de déterminer le caractère réciproque ou non de l'information, enfin sa durée et les sanctions encourues en cas de violation[26].

§ 2 – Les différentes formes de pourparlers

130. On distingue deux formes de pourparlers : les pourparlers informels ou simples (**A**) et les pourparlers formalisés ou contractuels (**B**).

A./Les pourparlers simples ou informels

131. Les pourparlers simples *constituent une proposition qui vise seulement à instaurer une négociation d'où naîtra peut-être un contrat mais sans que les éléments fondamentaux en soient encore exactement prévus*. C'est une phase de discussion qui ne donne lieu à aucun accord formalisé, mais qui impose certaines obligations (**2**). Elle commence par une invitation à entrer en pourparlers (**1**).

1. L'invitation à entrer en pourparlers

132. La négociation commence par l'invitation à entrer en pourparlers qu'il convient de définir (**a**), avant d'examiner les documents qui peuvent être rédigés par les parties pendant cette période (**b**).

a) La notion d'invitation à entrer en pourparlers

133. L'invitation à entrer en pourparlers constitue une proposition qui vise seulement à instaurer une négociation d'où naîtra peut-être un contrat, mais sans que les éléments fondamentaux ne soient encore nettement prévus. Par exemple, une entreprise individuelle peut solliciter d'une société d'étudier les conditions dans lesquelles celle-ci peut lui fournir du matériel. Le destinataire formera des propositions précises qui seront à la base de la discussion.

134. Les pourparlers constituent la phase exploratoire du contrat. Il s'agit pour son auteur d'explorer la possibilité de conclure les contrats envisagés. C'est en somme une invitation au marchandage.

---

[26] Voir les développements consacrés à cette question dans la partie portant sur les pourparlers formalisés.

À ce moment, il ne s'agit que d'une discussion qui ne démontre pas la volonté de contracter. Il n'existe à ce stade de la négociation aucun engagement. *Il est indispensable de garder le plus d'informations secrètes pendant les pourparlers simples, puisqu'il n'existe aucune réelle volonté des parties à contracter.* Or les juges ont besoin de preuves de négociations concrètes et non pas seulement d'une « discussion », en cas de différend.

135. L'invitation à entrer en pourparlers diffère de l'offre de contracter. Elle ne fixe pas les éléments essentiels du contrat, pour permettre sa formation si elle est acceptée. Or, l'offre de contracter prévoit tous les éléments nécessaires à la rencontre des volontés. En cas d'acceptation, le contrat est conclu, sans que le sollicitant puisse négocier.

b) Les documents rédigés pendant les pourparlers

136. Les pourparlers instaurent un échange entre les parties, échange fait de propositions et de contre-propositions. Pendant cette période, les parties s'échangent des documents écrits de diverse nature, dont il est important d'appréhender la nature juridique. Les documents les plus courants sont : les *documents publicitaires*, les *conditions générales du contrat*, les *devis*, les *bons de commande*, les *factures pro-forma*, etc.

137. De nos jours, les entreprises commerciales ont recours à la publicité pour vanter les mérites de leurs produits, prestations, services, dans l'optique d'inciter à la vente. Ces documents peuvent revêtir plusieurs formes : *prospectus*, *affiches*, *annonces*, etc.

Sur le plan civil, ces documents *peuvent être considérés comme une invitation à entrer en pourparlers*. Ils *peuvent aussi s'analyser comme une offre de contracter* si le contenu du document est assez précis.[27] Par conséquent, lorsque les

---

[27] À ce sujet, la Cour de cassation française a rappelé que des documents publicitaires peuvent avoir valeur contractuelle, dès lors qu'ils sont suffisamment précis et détaillés pour avoir exercé une influence déterminante sur le consentement du cocontractant. Cass. civ. 1ère, 6 mai 2010, n° 08-14.461, *F D, Olivier c./ Institution supérieur de commerce et de gestion* : Dans cette affaire, la mère d'un étudiant avait conclu avec une école de commerce un contrat de professionnalisation au profit de ce dernier. L'école a obtenu une ordonnance d'injonction de payer en lui reprochant de ne pas avoir réglé les frais de scolarité de son fils. La cocontractante a alors formé opposition à l'encontre de cette ordonnance rendue non contradictoirement au motif que l'école n'avait pas respecté son engagement contractuel de trouver un employeur à son fils dans le cadre de son contrat de professionnalisation. Cet

auteurs du document n'entendent pas donner à celui-ci la valeur d'une offre, ils doivent y ajouter la mention « *document non contractuel* ».

Sur le plan pénal, si le message contenu dans le document a un caractère trompeur, il peut être sanctionné. Le délit de publicité mensongère est consacré par le législateur pénal dans la plupart des États-parties à l'OHADA.

138. Les *conditions générales du contrat* sont souvent utilisées dans les négociations en matière de vente. Les conditions générales de vente se définissent comme un document établi unilatéralement par le vendeur visant à encadrer les relations contractuelles avec ses clients consommateurs ou professionnels. Elles permettent d'informer le client sur les conditions de vente avant toute transaction, et constituent un socle de négociation pour les parties, qui peuvent ainsi adapter les différentes clauses aux particularités de leur situation.

Au-delà du principe de la liberté contractuelle, les conditions générales du contrat doivent contenir des clauses obligatoires, par exemple celles portant sur l'objet du contrat. À défaut, ces conditions n'auront que la valeur d'une invitation à entrer en pourparlers. Dans tous les cas, la valeur des conditions générales du contrat s'apprécie aussi par rapport à leur opposabilité au cocontractant. Elles lui sont opposables dès lors qu'il les a acceptées.

139. Le *devis* est une estimation de prix pour un produit ou une offre de service, établi par un professionnel à l'attention d'un client. Il est davantage utilisé dans le cadre des prestations de services. Souvent le devis sert uniquement à alimenter les discussions lors des pourparlers, sans véritablement engager les parties.

Par contre, lorsque le devis est suffisamment ferme et précis, il peut s'analyser comme une offre. Dans ce cas, le devis engage le professionnel sur la nature et l'étendue des prestations à réaliser, le prix et les délais d'exécution. A contrario, le devis n'engage pas le client qui peut refuser de le signer. Toutefois, dès lors que le client signe le devis avec la date et la mention manuscrite « *Bon pour accord* », celui-ci devient un contrat ou fait office de bon de commande.

---

engagement de l'école de commerce à trouver un employeur à tous ses élèves était en effet mentionné notamment sur les brochures publicitaires et sur le site Internet de l'école. Voir aussi : Cass. Civ. 2e, 4 juillet 2019, 18-19116.

140. Les *bons de commande* sont davantage utilisés dans le cadre de la vente de biens, marchandises ou produits, etc. Il émane le plus souvent de l'acheteur qui fait connaître au vendeur ou au prestataire son intention de conclure un contrat.

Suivant le stade d'avancement des pourparlers, la nature juridique du bon de commande varie. Si on est au début des pourparlers, le bon de commande peut être analysé comme une offre. Par contre, si on tend vers la fin des pourparlers, le bon de commande peut être considéré comme l'aboutissement des pourparlers.

Dans tous les cas, pour que le bon de commande fasse l'objet d'un écrit opposable au client, il faudra que les principales conditions de vente et/ou prestation soient rappelées. Pour cela, il est recommandé de les reproduire en totalité sur le verso du bon de commande en veillant à ce que tous les termes soient bien lisibles.

141. Une *facture pro-forma* (en latin, « pour la forme ») est un devis provisoire présenté sous forme de facture. C'est un document purement informatif. Il n'a aucune valeur comptable ou légale et peut être remis en cause lors des négociations. De même qu'un devis, elle n'engage absolument pas le client.

La facture pro-forma est un support pour *présenter les conditions générales de ventes* et le prix des marchandises. Il s'agit de proposer *a priori* des éléments qui peuvent être modifiés par la suite. Toutefois, lorsque les éléments proposés sont fermes et précis, la facture vaut une offre. Si elle est acceptée, elle devient un contrat.

2. Les obligations pendant les pourparlers

142. Dans les pourparlers informels, les parties négocient sans contrat préparatoire. Nonobstant le principe de la liberté contractuelle (**a**), les parties sont tenues de négocier de bonne foi (**b**).

a) Le respect de la liberté contractuelle

143. Les pourparlers sont régis par le *principe de la liberté contractuelle.* Suivant ce principe, les parties sont libres de rompre les pourparlers. Il y va ainsi de la liberté contractuelle. Lorsque la conclusion du contrat ne satisfait plus l'une des futures parties, celle-ci doit être en mesure de s'y soustraire. En soi, la rupture des pourparlers n'est pas critiquable.

Cependant, la partie ayant pris l'initiative de la rupture engagerait sa responsabilité en cas de mauvaise foi. Elle aurait ainsi violé l'obligation de bonne foi dans la négociation.

b) La bonne foi

144. La *bonne foi* impose aux négociateurs de respecter certaines obligations. Les parties à la négociation doivent faire des *propositions sincères*. Elles doivent s'abstenir de faire des propositions manifestement inacceptables ou de recourir à des mesures dilatoires. Elles doivent éviter de prolonger inutilement les pourparlers lorsque la décision de rompre a été prise.

A priori, l'obligation de bonne foi n'interdit pas aux futurs contractants de mener des négociations parallèles. Toutefois, il en serait ainsi que si les parties avaient convenu d'une clause d'exclusivité des négociations.

145. L'obligation de bonne foi dans la négociation exige aussi et surtout une information correcte et complète du partenaire à la discussion. Cette obligation d'information, encore dite de renseignement, connaît un essor considérable de nos jours aussi bien en législation qu'en jurisprudence.

146. La discussion entamée par les parties, ou tout au moins les pourparlers, peuvent aboutir à la formation d'une véritable offre.

B./Les pourparlers contractuels ou formalisés

147. À la différence des *pourparlers informels*, les *pourparlers formels* impliquent des contrats liant une ou plusieurs parties. Les modalités de ces pourparlers sont déterminées par les parties qui vont conclure des contrats dans le but de préparer le *contrat définitif*. Ces *avant-contrats*, ou contrats *dits préparatoires*[28] se présentent principalement sous deux formes : les contrats de négociation (**1**) et les promesses de contrats (**2**).

---

[28] Ces contrats sont destinés à réglementer la négociation du futur *contrat définitif*, économiquement ou juridiquement plus important. Par conséquent, l'avant contrat n'a pas la même force juridique que le contrat définitif parce qu'il ne fait que le préparer. Adde : Jean-Marc MOUSSERON, Michel GUIBAL, Daniel MAINGUY, *L'avant-contrat*, Éd. Francis Lefebvre, 2001, n° 2 : « *Ce temps précédant la formation de l'accord est occupé par divers échanges ayant pour objectif la conclusion de ce contrat et pour moyen un ensemble d'échanges multiformes que nous dénommerons "négociation" ou "pourparlers"* ».

1. Les contrats de négociation

148. Encore appelé accord de négociation, le contrat de négociation a pour but de sécuriser la phase précontractuelle. Il comporte une obligation de négocier (**a**) qui peut être renforcée par des clauses de confidentialité et d'exclusivité (**b**).

a) L'obligation de négocier

149. À travers le contrat de négociation, les parties s'engagent non pas à conclure un contrat, mais simplement à le négocier. Elles ne sont pas tenues d'aboutir à un accord, mais doivent tout mettre en œuvre pour négocier de bonne foi.

150. Le contrat de négociation sert de toile de fond à la négociation. Il contient le cadre à la fois financier et juridique dans lequel les parties souhaitent négocier et permet donc aux parties d'évaluer clairement la possibilité de concrétisation de l'opération afin de donner suite ou d'écarter l'offre.

Concrètement, le contrat de négociation permet de déterminer l'objet des pourparlers et le but poursuivi par les parties, de formaliser un calendrier de négociation que chacun s'oblige à respecter, notamment de fixer une date butoir à l'expiration de laquelle les parties sont libérées si elles ne sont toujours pas parvenues à un accord. Il permet également de fixer les modalités de répartition du coût de la négociation.

Cette obligation de négociation se matérialise généralement par des *lettres d'intention*, des *engagements d'honneur* ou des *accords de principe.*

151. À l'occasion des négociations contractuelles dont la durée semble longue, la *lettre d'intention* permet aux parties d'exprimer par écrit leur volonté de négocier. Elle leur permet aussi de rechercher un accord sur les bases ou les points sur lesquels elles se sont déjà entendues. Tout ceci avant de savoir si elles parviendront en fin de compte à conclure un contrat entre elles.

Ce document n'a pas pour vocation de leur imposer de conclure coûte que coûte mais seulement de négocier de bonne foi les équilibres généraux et conditions spécifiques de la relation contractuelle envisagée. Une attention particulière doit donc être portée à sa rédaction et à son contenu. La lettre d'intention peut prendre plusieurs formes et plusieurs noms dont entre autres : entente de principe, *business deal memo, memorandum of understanding, heads of agreement, letter of intent, concept paper, term sheet, commitment letter* en anglais.

152. Né de la pratique des affaires, un engagement sur l'honneur ou *gentleman agreement* est un engagement informel entre deux ou plusieurs parties qui souhaitent conserver une grande flexibilité dans leur rapport. Il s'agit d'un engagement purement moral qui n'est pas censé lier leurs auteurs sur le plan juridique. En général, il est utilisé dans les négociations libres ou informelles. Attention, un engagement sur l'honneur peut devenir un engagement juridique, en raison de la manière dont il a été rédigé.

153. Par l'*accord de principe,* les parties s'engagent à poursuivre une négociation en cours afin d'aboutir à la conclusion d'un contrat dont l'objet n'est déterminé que de façon insuffisante. Par contre, quand l'élaboration d'un contrat est longue, et qu'il y a plusieurs points à régler, les parties peuvent ponctuer la négociation par des accords partiels. C'est ce qu'on appelle une «*punctation*», terme emprunté au droit allemand des contrats.

154. L'*accord partiel* est destiné à fixer l'accord des parties sur certains éléments du contrat en cours de négociation sans que toutes les conditions en aient été remplies. Cela évite que les parties ne reviennent sur les points ayant déjà fait l'objet d'accord. Cette précaution est d'ailleurs recommandée lorsque les négociations doivent s'étendre dans le temps. Cela permet aux parties de matérialiser par écrit la mémoire de leur discussion, l'état d'avancement et les points sur lesquels un accord a déjà été obtenu.

L'accord partiel ne donne pas lieu à une obligation de contracter, mais à une obligation de négocier loyalement. Aussi, pour éviter d'être définitivement engagées par une somme d'accords partiels, les parties stipulent souvent qu'elles ne seront définitivement engagées qu'en cas de signature du contrat définitif.

b) Les clauses de confidentialité

155. C'est l'une des premières clauses à laquelle il faut penser. Encore appelée, *non-disclosure agreement* ou accord de non-divulgation, la clause de confidentialité a pour but de protéger le secret de certaines informations échangées entre les parties à la négociation.

En pratique, l'engagement de confidentialité est réservé à un individu, tandis que l'accord de secret engage une personne morale, et donc toutes les personnes y travaillant.

156. Le secret constitue un enjeu économique. En effet, le savoir-faire scientifique ou technique ainsi que toutes les informations et connaissances conduisant à la création, puis à l'exploitation d'un produit sont d'une importance primordiale pour l'exploitation commerciale de ce produit. Si les concurrents ont connaissance de ces informations, ils peuvent les utiliser pour développer leur propre produit. Un concurrent astucieux pourra développer un produit presque similaire tout en évitant l'action en contrefaçon.

157. Or, lorsqu'on s'engage dans la négociation d'un contrat, on peut être conduit à révéler certaines informations sensibles avec le risque de voir son partenaire rompre les pourparlers pour communiquer ces données à un concurrent ou s'en servir lui-même. Ce comportement déloyal peut bien sûr être sanctionné sur le fondement de la responsabilité délictuelle, cependant, la preuve est difficile à rapporter et l'information ayant déjà été révélée, le mal est, pour ainsi dire, déjà fait. C'est pourquoi il est prudent de faire signer à son partenaire de négociation un accord de confidentialité.

158. En pratique, l'engagement de confidentialité peut prendre la forme d'une simple clause et figurer comme une des obligations accessoires prévues par le contrat préparatoire. Mais, il peut également arriver que cet engagement constitue à lui seul l'unique objet de l'accord précontractuel.

159. L'accord de confidentialité présente un intérêt certain, car il astreint le bénéficiaire de l'information à une obligation de résultat. Ce dernier ne s'engage pas à mettre tout en œuvre pour garder l'information confidentielle[29], *mais s'engage à ce qu'elle soit gardée confidentielle.*

Ainsi, la seule constatation de la divulgation suffira à engager la responsabilité du bénéficiaire de l'information. Il ne sera point besoin d'apporter la preuve que celui-ci n'a pas mis en œuvre tous les moyens pour assurer la confidentialité. Autrement dit, il ne sera pas nécessaire de prouver l'existence d'une quelconque faute de sa part.

160. Certaines précautions doivent être prises afin de garantir l'efficacité de la clause de confidentialité. Il faut :

- définir les informations couvertes par la confidentialité ;

[29] Dans ce cas, on aura à faire à une obligation de moyens.

- déterminer les personnes concernées par celle-ci et ;
- enfin préciser sa durée.

- **1ère précaution : *Définir les informations couvertes par la confidentialité***

161. Il est utile de définir les informations confidentielles couvertes par l'accord. Toutefois, il convient d'être assez vigilant à ce stade, *il ne s'agit pas de révéler la teneur des informations confidentielles*, sans quoi elles seraient d'emblée communiquées à l'autre partie avant même que l'accord ne soit signé.

Il suffit simplement *de délimiter le périmètre de l'obligation de confidentialité,* notamment en précisant la nature des informations qui n'entrent pas dans le champ de l'accord. Cette délimitation tiendra compte, notamment, des droits de propriété intellectuelle (brevets non encore déposés) qui ne sont pas encore dans le domaine public et qui ont encore un caractère secret.

Ce sera en effet à celui qui conteste le caractère secret de l'information d'apporter la preuve contraire, il en est ainsi d'une information tombée dans le domaine public. À défaut, il faudra démontrer que ces informations étaient confidentielles et que l'autre partie le savait.

- **2e précaution : *Indiquer les personnes tenues par l'accord de confidentialité***

162. L'accord de confidentialité lie en premier lieu les parties qui l'ont signée. Mais, il implique également les personnels de chaque partie et les tiers.

En raison de leur proximité avec le négociateur ou tout simplement de leur fonction au sein de l'entreprise, l'obligation de confidentialité doit être étendue à certains personnels des négociateurs. Dans le cadre d'une cession d'entreprise, pour permettre de réaliser l'audit, l'acquéreur potentiel est souvent obligé de mettre à la disposition de certaines de ses salariés les informations qui lui ont été communiquées par le vendeur.

Par conséquent, les parties doivent veiller à faire signer à leurs personnels impliqués par l'accord un engagement de confidentialité ou à insérer dans leur contrat de travail une clause de confidentialité.

163. L'accord de confidentialité peut être étendu aux tiers. Cette notion englobe, sans que la liste soit limitative, les fournisseurs, les consultants, les sous-traitants, les clients. Il faudra signer avec ces derniers des accords spécifiques de confidentialité dont les termes seront au moins équivalents à ceux de l'accord initial.

- **3e précaution : *Précisez la durée de l'accord de confidentialité***

164. L'obligation de confidentialité peut être limitée à la durée des pourparlers ou se prolonger au-delà de la signature de l'accord. Mais, en l'absence de clause spécifique, l'obligation dure le temps de l'accord qui s'éteint logiquement avec la fin de la négociation, ce qui peut être préjudiciable pour l'une des parties, surtout en cas d'échec des négociations, car les parties se trouvent libérées de leur obligation de confidentialité et peuvent alors divulguer ce qu'elles savent aux concurrents.

165. Les parties doivent déterminer la durée de l'accord de confidentialité en fonction de la nature du contrat et de l'information objet de la confidentialité. Les termes de l'accord de confidentialité pourront être repris, voire complétés dans le contrat définitif.

c) Les clauses d'exclusivité

166. Les clauses d'exclusivité ont pour objet d'interdire toute négociation parallèle avec un tiers. Ils visent à renforcer la sécurité juridique et la bonne marche des négociations, en augmentant les chances d'aboutir à la conclusion d'un accord.

167. Le fait de mener des négociations parallèles n'est pas une faute en soi, susceptible d'engager la responsabilité de son auteur, sauf s'il est dicté par l'intention de nuire ou s'accompagne de manœuvres frauduleuses. Dès lors, une partie peut nouer des pourparlers dans plusieurs directions sans être tenue d'en informer ses interlocuteurs.

Pour éviter de se trouver dans cette situation, il est conseillé de prévoir dans l'accord encadrant la négociation une clause d'exclusivité, afin d'interdire à l'autre partie de mener une négociation parallèle, sous peine d'engager sa responsabilité contractuelle.

168. Les parties à la négociation peuvent toutefois *tempérer cette exclusivité* en prévoyant les modalités d'une négociation parallèle, à travers une *clause de préférence.*

Par la clause de préférence, une partie accepte le principe de la négociation parallèle à condition qu'on lui accorde une préférence. Par exemple, si Alpha négocie avec Gama et entretient une négociation parallèle avec Lambda, et que Gama s'aligne sur l'accord parallèle, alors la préférence ira à Gama et non au partenaire de la négociation parallèle.

169. Il peut arriver qu'une partie, en dépit de la clause d'exclusivité, mène avec un tiers des négociations parallèles qui aboutissent à la conclusion d'un contrat. Quel sera le sort d'un tel contrat ? Ce contrat restera valable, sauf si le tiers a agi de mauvaise foi. Pour décourager de telles attitudes, il est conseillé de *renforcer l'exclusivité* des négociations par une *clause de sincérité* ou par une *clause pénale.*

La *clause de sincérité* oblige les parties à révéler les négociations parallèles qu'elles ont engagées, ou ont l'intention d'engager, sous peine de voir leur responsabilité aggravée. Cette clause engendre une *obligation particulière* qui porte sur une certaine transparence lors des négociations. Il convient à cet égard de préciser les informations qui doivent être communiquées, notamment le nom du tiers, l'état d'avancement des pourparlers, dans la limite du préjudice susceptible d'être ainsi infligé au tiers.

La *clause pénale* a pour objet de fixer par avance un montant forfaitaire des dommages intérêts dus en cas de manquement à l'obligation d'exclusivité. L'idée étant de fixer un montant suffisamment élevé pour dissuader les partenaires de violer la clause d'exclusivité.

2. Les promesses de contrat

170. La promesse de contrat constitue l'exemple type même du contrat préparatoire. Il intervient à un stade très avancé des pourparlers. Cette promesse de contrat peut se présenter sous deux formes : la promesse unilatérale (**a**) et la promesse synallagmatique (**b**).

a) La promesse unilatérale de contracter

171. La *promesse unilatérale de contracter* est un avant-contrat par lequel une partie, le promettant, s'engage envers une autre, le bénéficiaire, à conclure un futur contrat dont les conditions sont déjà déterminées, si ce dernier le lui demande dans un délai déterminé dit le *délai de levée d'option.* C'est cette existence d'une option qui différencie la promesse unilatérale de la promesse synallagmatique. Elle est fréquemment utilisée en matière de vente immobilière ou de vente de fonds de commerce.

172. La promesse unilatérale n'engage que l'une des parties : le promettant. Celui-ci s'oblige, d'une part, à ne pas contracter avec un tiers durant le délai de levée d'option et, d'autre part, à contracter avec le bénéficiaire, dans ce délai, s'il le souhaite.

On peut s'interroger sur ce qui adviendrait si le promettant conclut le contrat avec un tiers durant le délai d'option ? Si le bénéficiaire est libre de négocier avec un tiers et même de contracter avec ce dernier, tel n'est pas le cas du promettant.

Si le bénéficiaire n'a pas levé l'option, le promettant qui rompt la promesse engage sa responsabilité contractuelle et pourra être condamné au paiement de dommages et intérêts. Par contre, si le tiers avec qui le promettant a contracté est de mauvaise foi, c'est-à-dire s'il connaissait la promesse, sa responsabilité délictuelle pourra être engagée et le cas échéant, le bénéficiaire pourra se substituer à lui et devenir propriétaire à sa place s'il lève l'option durant le délai.

173. Les formes les plus courantes des promesses unilatérales de contrat sont : les *pactes de préférence* et les *promesses unilatérales de vente.*

Le *pacte de préférence* est le contrat par lequel une personne (le promettant) s'engage envers une autre personne qui l'accepte (le bénéficiaire de la promesse) à lui proposer en priorité la conclusion d'un contrat si elle se décidait à conclure. L'accord porte sur le principe même du contrat, et non sur ses conditions essentielles qui n'auront pas à être déterminées avec précision.

Seul le promettant est engagé. Son engagement ne porte pas sur la conclusion du contrat mais sur le fait qu'il propose en priorité au bénéficiaire de la promesse la conclusion du contrat. Le pacte de préférence est en cela moins contraignant que la promesse de contrat.

Dans la *promesse unilatérale de vente*, le promettant s'engage envers une partie, le bénéficiaire, à conclure la vente si le bénéficiaire le souhaite. Contrairement au pacte de préférence, l'engagement du promettant porte sur la conclusion du contrat. Par conséquent, le contenu du contrat doit être suffisamment déterminé.

b) La promesse synallagmatique de contracter

174. La promesse synallagmatique de contracter est un avant-contrat par lequel les parties s'engagent réciproquement à conclure définitivement un contrat. Contrairement à la promesse unilatérale, les deux parties sont engagées.

175. L'intérêt d'une telle promesse est évident lorsque le contrat définitif requiert une formalité particulière pour sa validité, ou lorsque les parties ont besoin d'un délai supplémentaire. Les parties peuvent ainsi donner leur accord au contrat définitif mais prévoir l'accomplissement ultérieur d'une formalité pour parfaire leur engagement ou attendre par exemple l'obtention d'un prêt pour réaliser définitivement l'opération projetée.

176. Dans la pratique, il n'est pas facile de dissocier la promesse synallagmatique du contrat définitif sauf lorsque le contrat définitif est soumis à un formalisme particulier (acte authentique ou notarial) alors que la promesse synallagmatique n'est soumise qu'à un acte sous seing privé. Elle est considérée comme équivalente à quelques détails près du contrat lui-même.

177. En cas de rupture unilatérale de la promesse synallagmatique, une partie pourra obtenir des dommages et intérêts.

SECTION 2 : LA RUPTURE DES NÉGOCIATIONS

178. Pendant la période des pourparlers, les parties ne sont pas encore engagées l'une envers l'autre. Aussi, elles disposent de la possibilité, de la liberté de poursuivre les négociations et de conclure ou non le contrat envisagé. Mais, il s'agit d'un régime de liberté surveillée[30], car toute rupture abusive des négociations est susceptible d'engager la responsabilité de son auteur. Ainsi, en cas de rupture abusive des pourparlers, la partie responsable devra réparer le préjudice subi par son partenaire. Il convient donc d'examiner, d'une part, le caractère fautif de la rupture des pourparlers (**§ 1**) et, d'autre part, le préjudice réparable (**§ 2**).

---

[30] Denis MAZEAU, « La genèse des contrats : un régime de liberté surveillée », Droit et patr. 1996, n° 40, p.44.

§ 1 – Le caractère fautif de la rupture des négociations

179. Pendant la période des négociations, le droit impose un minimum de « *fair-play* » aux parties. La décision de rupture ne doit pas être intempestive ou abusive, bref elle ne doit pas être fautive. Cette faute consiste en un manquement à l'obligation de bonne foi et de loyauté que tout négociateur doit s'efforcer de respecter. Pour caractériser la faute, les juges examineront les circonstances de fait qui ont entourées la rupture[31]. Divers éléments sont pris en compte pour apprécier le caractère abusif de la rupture : la durée des négociations (**A**), la rupture tardive (**B**), la brutalité de la rupture (**C**), l'absence de motif légitime (**D**).

A./La durée des négociations

180. Au fur et à mesure qu'avancent les négociations, l'obligation d'aboutir à la conclusion du contrat envisagé s'intensifie, surtout lorsque les parties ont déjà trouvé un accord sur plusieurs points importants. Ainsi, l'abus serait retenu si les parties étaient en négociation depuis une durée considérable, avaient abordé et résolu les points-clés.

181. La durée des pourparlers fait augmenter presque proportionnellement l'obligation d'aboutir à un accord. Il en est ainsi d'une rupture qui survient après des pourparlers longs, complexes, extrêmement avancés et ayant occasionné d'importants frais justifiés par l'appel à des spécialistes aux fins d'établir un projet. Tel ne sera pas le cas, si les parties venaient à peine d'entrer en contact et n'avaient abordé que des points préliminaires ou en étaient encore à évaluer les risques et les chances du contrat envisagé.

182. Les tribunaux restent cependant prudents quant à la reconnaissance d'une rupture fautive : seul un comportement manifestement abusif donne lieu à la mise en cause de la responsabilité. L'obligation de bonne foi n'implique pas celle de parvenir à la conclusion d'un accord. Le fait, par exemple, de rompre des discussions qui s'enlisent peut bien entendu n'être pas fautif. De même la rupture fautive doit être écartée lorsqu'il existe un aléa important sur la conclusion du contrat. Il en est

---

[31] Puisque chaque personne est libre de conclure le contrat et par conséquent de ne pas conclure, la faute ne consiste pas en la rupture mais réside dans les circonstances qui ont entourées celle-ci.

ainsi, lorsque la conclusion du contrat, en dépit de l'avancée des négociations, est soumise à un événement extérieur, par exemple, la recherche d'un financement.

B./La croyance légitime de l'autre partie

183. Si les négociations sont de nature à créer chez l'une des parties une croyance légitime que le contrat envisagé sera conclu, sa rupture sera considérée comme fautive. Bien que souvent difficile à évaluer, la croyance légitime s'apprécie au regard des échanges qui ont eu lieu entre les parties.

184. La faute, qui réside dans le fait de tromper la confiance légitime de son partenaire, doit être appréciée au regard de ce qu'un homme sérieux et diligent aurait pu croire s'il était placé dans la même situation. Le juge fera une appréciation *in concreto* de la situation.

Ainsi, les tribunaux s'évertueront à examiner le comportement de l'auteur de la rupture. Celui-ci sera d'autant plus blâmable s'il a suscité chez l'autre partie la confiance dans la conclusion du contrat envisagé. C'est notamment le cas, lorsqu'une partie laisse espérer à son partenaire la conclusion d'un accord définitif pendant quatre années ou poursuivre des négociations qu'il sait à l'évidence vouées à l'échec.

Néanmoins, l'imprudence de la victime qui, par exemple, a engagé des dépenses inconsidérées alors que les pourparlers n'avaient pas encore atteint un stade avancé et que la conclusion du contrat n'était qu'hypothétique pourrait aboutir à la limite à un partage des responsabilités. Il va de soi que la crédulité du professionnel sera appréciée plus sévèrement que celle d'un simple consommateur.

C./La brutalité de la rupture

185. Une négociation menée de longue date ne se rompt pas sur un coup de sang ou par un simple coup de téléphone le jour prévu de la signature. Il est nécessaire d'avoir un minimum d'égard envers son partenaire.

186. Les juges sont sensibles à la manière dont les négociations sont rompues et n'hésitent pas à sanctionner le négociateur qui met fin aux discussions de façon cavalière ou brutale. Il a ainsi été condamné le fait de faire connaître à son partenaire son refus de contracter, la veille de la signature prévue, ou encore de l'informer simplement par téléphone.

Il est donc fortement recommandé de notifier par écrit son intention de mettre fin aux discussions et ce, dès que la décision est prise. Bref, il faut rompre avec délicatesse et douceur.

D./L'absence de motif légitime

187. Les juges recherchent davantage l'absence de motif légitime dans la rupture des négociations, car la nécessité d'avancer un motif pour mettre fin aux pourparlers limiterait considérablement la liberté des partenaires aux négociations, par ailleurs affirmée. Ainsi, le fait de se retirer des négociations sans motif sérieux et objectif constitue une faute susceptible d'engager la responsabilité de son auteur.

Le fait, par exemple, de se retirer des négociations, pour des considérations qui n'ont rien avoir avec la qualité du produit objet de la négociation, peut être considéré comme abusif. Il en est ainsi de la partie qui se retranche derrière les « considérations internes au groupe » auquel il appartient pour abandonner les négociations.

Lorsque les fiançailles sont sincères, on n'attend pas la veille du mariage, généralement lorsque sa partenaire vous a déjà dévoilé sa pudeur, pour découvrir que ses parents sont opposés à l'union. Même si les fiançailles sont régies par le principe de la liberté contractuelle, ce motif paraît assez spécieux.

De même, la partie qui entame des négociations avec une autre, afin que celle-ci n'en entame pas avec un de ses concurrents et qui abandonne ensuite sans avancer de motif commet une faute. Ainsi, le partenaire doit être informé des raisons qui motivent la rupture.

188. Par contre, il convient de mentionner que le blocage des négociations sur des points essentiels peut constituer un motif sérieux et objectif de rupture.

§ 2 – Le préjudice réparable

189. Une fois le caractère abusif de la rupture établi, la juge doit déterminer le préjudice réparable. Selon le droit commun de la responsabilité, *le préjudice n'est réparable que s'il est direct et certain.* Ce préjudice résulte des dépenses effectuées dans le cadre des négociations (**A**). Il peut résulter de l'atteinte à son image (**B**) ou du gain manqué (**C**).

A./Les frais financiers engagés

190. La phase des négociations engendre souvent certaines dépenses tels que les frais occasionnés pour l'étude de faisabilité du projet objet des pourparlers, les frais de voyage, etc. Il est équitable, du moment qu'une faute a été reconnue de la part des auteurs de la rupture, d'admettre l'indemnisation des frais engagés pour l'aboutissement des pourparlers.

Toutefois, le comportement de la « victime » peut aboutir à un partage de responsabilité et à une réparation partielle du préjudice subi. Ainsi, le tribunal pourra prendre en compte l'empressement éventuel de la victime à s'exécuter ou à effectuer des dépenses alors que l'autre partie n'avait émis que des promesses.

B./L'atteinte à l'image ou le trouble commercial

191. L'atteinte à l'image, du fait de la rupture des négociations, peut également constituer un préjudice réparable. Il n'est pas rare de voir l'une des parties, souvent auteur de la rupture, jubiler après l'échec des négociations, uniquement dans le but de dénigrer son partenaire. Une telle attitude qui jette du discrédit sur son partenaire est condamnable.

Dès lors que l'existence de négociations est connue, leur rupture peut entraîner une atteinte à l'image ou au crédit de la victime et faire douter de son sérieux. Il s'agit d'un préjudice moral, qui est très subjectif, et dont l'évaluation n'est pas facile à établir.

192. Enfin, la rupture des négociations ne doit pas entraîner un *trouble commercial* chez le partenaire contractuel. Il en est ainsi, par exemple, lorsque l'auteur de la rupture se sert des informations confidentielles échangées au cours des négociations pour concurrencer son ancien partenaire.

C./Le gain manqué

193. Le *gain manqué* correspond à la totalité du profit que la victime de la rupture des négociations espérait tirer du contrat à conclure. La notion de gain manqué soulève quelques difficultés. L'admettre reviendrait indirectement à donner effet à un contrat qui n'a pas été conclu, ce qui est impossible.

Le débat reste entier, même en faisant appel à la notion de *perte de chance* de conclure le contrat envisagé et donc de réaliser le gain escompté. L'indemnisation de la perte d'une chance pose problème. La partie victime de la rupture peut-elle prétendre à des dommages et intérêts au titre du manque à gagner résultant de la non-conclusion du contrat, c'est-à-dire de la perte d'une chance de conclure le contrat envisagé ? La Cour de Cassation française[32] a répondu par la négative.

Elle considère que la rupture des pourparlers ne peut être la cause du préjudice de la perte d'une chance de tirer profit du contrat, puisqu'une telle rupture relève de la liberté contractuelle de contracter ou de ne pas contracter et ne constitue donc pas une faute. Cette position peut se comprendre car, comme nous l'avons vu, en matière de rupture des pourparlers, la faute ne réside pas dans la rupture, mais dans la façon selon laquelle la rupture a été faite. Or, la chance perdue résulte des pourparlers et non des circonstances ayant entouré la rupture.

[32] Cass. Civ. 3ème, 28 juin 2006, *SARL Antineas c./ SCI Longson et autre*, pourvoi n° 04-20.040, D. 2006, p. 2963, note D. MAZEAU, JCP 2006.II.10130, note O. DESHAYES et I.166, n° 6, obs. Ph. STOFFEL-MUNCK : « *Une faute commise dans l'exercice du droit de rupture unilatérale des pourparlers précontractuels n'est pas la cause du préjudice consistant dans la perte d'une chance de réaliser les gains que permettait d'espérer la conclusion du contrat* ».

DEUXIÈME PARTIE :

LA RÉDACTION DU CONTRAT

194. Avant de s'engager dans la rédaction d'un contrat, il est fort utile de bien maîtriser les techniques de rédaction. La technique est l'ensemble des procédés permettant de rédiger un contrat. Chaque rédaction de contrat est différente, car c'est une entente entre deux parties concernant leurs choix et leurs désirs respectifs.

195. Les clauses du contrat doivent être *compréhensibles*. Elles répondent à un besoin, organiser contractuellement la relation entre les parties. Un contrat comporte des clauses essentielles et des clauses facultatives. Les clauses essentielles sont celles dont l'absence est susceptible de vicier le contrat. Elles correspondent aux exigences minimales de précision du contrat et sont nécessaires pour son existence.

196. Les parties doivent respecter les formes grammaticales. La ponctuation comme l'emploi des prépositions doivent être maîtrisés. Une virgule mal placée peut changer le sens d'une clause contractuelle, et coûter cher à l'entreprise.

Dans ce qui est convenu d'appeler l'affaire de la « *virgule d'Oxford* », l'« *Oxford comma* » ou la « *virgule en série* », la société laitière Oakhurst Dairy l'a appris à ses dépens. Dans une décision rendue le 13 mars 2017, une Cour d'Appel américaine l'a condamné à payer plus de dix millions de dollars à ses salariés, au titre d'heures supplémentaires.[33]

197. Il existe deux types de rédaction :

- La rédaction de type « *civil law* » qui se fait en fonction des concepts du droit romano-germanique. Elle s'articule ainsi en fonction des exigences du droit civil, qui est un droit conceptuel que les juristes interprètent pour donner une solution aux cas particuliers. Cela se traduit par une pratique de contrats succincts mais fortement implicites.

---

[33] United States Court of Appeals for the First Circuit No. 16-1901, Kevin O'CONNOR and others v. Oakhurst Dairy, Dairy Farmers of America, Inc., March 13, 2017. L'usage de la « virgule d'Oxford », veut que dans une phrase avec trois énumérations, s'il n'y a pas de virgule entre la deuxième et la troisième énumération, alors le premier mot s'applique aux deux suivants. La société de produits laitiers de Portland, dans l'État du Maine, était en conflit depuis trois ans avec certains de ses salariés pour non-paiement d'heures supplémentaires. Dans l'État du Maine, le Manuel de rédaction législative prévoit que les heures supplémentaires ne sont pas payées pour « l'emballage pour l'expédition ou la livraison ("*packing for shipment or distribution*" en anglais). » Pour le juge, l'absence de virgule après « emballage » crée un doute qui doit profiter aux salariés. En d'autres termes, un chauffeur qui n'a pas lui-même emballé sa livraison doit bénéficier des heures supplémentaires.

- La rédaction de type « *common law* » qui se caractérise par sa longueur et son style détaillé. En l'absence des règles codifiées, facilement accessibles, le rôle du contrat est de constituer une « bible », dans laquelle on tentera de tout prévoir afin d'éviter l'intervention du juge ou de l'arbitre.

198. Il n'existe pas de norme de présentation des contrats. La manière de présenter un contrat peut varier d'un rédacteur à un autre. De manière générale, les contrats sont rédigés suivant une approche linéaire qui permet d'agencer les clauses du contrat qui se ressemblent les unes à la suite des autres.[34]

199. En tout état de cause, les contrats sont conçus à l'aide d'une structure-type, afin que la logique de l'entente entre les parties puisse être clairement reflétée. La structure-type d'un contrat comporte : les stipulations communes figurant au début du contrat (**chapitre 1**), les stipulations relatives au corps du contrat (**chapitre 2**) et les stipulations communes figurant à la fin du contrat (**chapitre 3**).

---

[34] Malheureusement, dans les curricula officiels des facultés de droit, il n'existe pas, à ce jour, d'enseignement spécifique sur l'art et la science de la rédaction des contrats. Le droit des contrats est abordé de manière très théorique à travers le cours de droit des obligations ou des contrats spéciaux. En général, le cours de Technique contractuelle est souvent enseigné dans les programmes de Masters spécialisés.

CHAPITRE 1 :

LES STIPULATIONS COMMUNES FIGURANT AU DÉBUT DU CONTRAT

200. En général, il figure au début de chaque contrat un certain nombre d'indications qui révèlent l'opération que les parties envisagent de passer. Ces indications forment ce qu'on appelle couramment les stipulations initiales du contrat. Ce sont principalement :

- le titre (**section 1**),
- l'identification des parties (**section 2**),
- le sommaire (**section 3**),
- le préambule (**section 4**),
- les définitions (**section 5**).

SECTION 1 : LE TITRE

201. Comme tout acte juridique, un contrat devrait indéniablement se doter d'un nom, c'est-à-dire d'un titre. Il ne s'agit pas de conférer un signe distinctif au contrat, loin s'en faut. Donner un titre à un contrat participe à une fonction juridique, dont il convient de préciser l'intérêt ou la portée (**§ 1**) avant de mentionner les écueils à éviter (**§ 2**).

§ 1 – L'intérêt du titre

202. Y a-t-il un intérêt à donner un titre au contrat ? Donner un titre à un contrat revient à le qualifier, c'est-à-dire à déterminer le régime juridique qui lui est applicable. Le titre suggère la nature juridique de la relation contractuelle qui se noue.

203. Le titre doit refléter, en peu de mots, le contenu réel du contrat. C'est pourquoi il faut le choisir avec soin, même s'il est vrai que dans certaines opérations complexes les parties n'ont le choix qu'entre le générique « contrat » et une dénomination de fantaisie. Elles peuvent aussi se référer aux contrats proches, pour le choix de l'intitulé.

§ 2 – Les conseils et écueils à éviter

204. Le titre peut influencer la qualification du contrat, car donner un nom au contrat, c'est le qualifier. À cet effet, pour donner l'intitulé approprié au contrat, il faut obtenir toutes les informations de base sur le contenu du contrat. Ces informations portent notamment sur l'objet du contrat, la nature des prestations à exécuter, les délais, la durée, etc.

205. Le choix d'un titre n'est, cependant, pas obligatoire. Il ne lie pas le juge qui peut procéder à une requalification du contrat. Par conséquent, il faut éviter *toute contradiction entre la qualification affichée et la qualification susceptible, le cas échéant, d'être induite par le juge à l'analyse globale des clauses du contrat.* En effet, en cas de contentieux porté devant une juridiction, le juge ou l'arbitre tentera, au regard de l'intégralité du contrat, de requalifier le contrat pour le rattacher à un régime juridique.

Par exemple, il ne suffit pas de dénommer une relation de travail par le titre « contrat de prestation de services », pour échapper à l'application des règles du droit du travail. La qualification du contrat de travail obéit au principe de la réalité. Elle s'appuie sur les données de fait.[35] Il y'a prééminence de la réalité sur l'apparence.

SECTION 2 : L'IDENTIFICATION DES PARTIES

206. L'identification permet de donner des informations sur les différentes parties au contrat. À cet effet, les parties doivent être identifiées avec précision pour éviter toute contestation. Il convient de présenter la finalité de cette clause (**§ 1**), avant d'indiquer les écueils à éviter au moment de sa rédaction (**§ 2**).

§ 1 – La finalité de la désignation des parties

207. L'intérêt de la clause d'identification des parties est évidente. Il convient de présenter la clause (**A**) avant de préciser son contenu (**B**).

---

[35] C'est d'ailleurs la position adoptée par la jurisprudence sénégalaise : C.S. Sénégal, ch. soc., 14 novembre 2012, n° 59, *La Société Sénégal Bois c./ Jacques DIOUF*, Bulletin des arrêts de la Cour suprême du Sénégal. Voir aussi jurisprudence française : Cass. soc., 13 novembre 1996, n° 94-13.187, *Société Générale c./ URSSAF Haute Garonne*, n° 94.13.187, Bull. civ. V, n° 386 D. 1996, 268 - Dr. soc. 1996, 1067, note J.-J. DUPEYROUX.

A./L'intérêt de la clause d'identification des parties

208. Les conventions n'ont d'effet qu'entre les parties contractantes ; elles ne nuisent point au tiers, et elles ne lui profitent que dans des cas bien précis.[36] Les parties entre lesquelles le contrat va développer tous ses effets sont les contractants eux-mêmes. Peu importe, si les contractants ont conclu personnellement ou par un représentant.

209. L'identification permet à chacune des parties d'exécuter les droits et obligations qui lui incombent et qui découlent du contrat signé. Elle est importante à plus d'un titre.

C'est au niveau des parties identifiées que se produiront les effets du contrat. Lorsqu'on traite avec une société appartenant à un groupe, il faut bien se rendre compte que c'est avec elle et point avec lui qu'on contracte, que c'est elle qui sera la débitrice et non le groupe. Il faut y songer au moment de passer un contrat car la solvabilité de l'un ou de l'autre n'est peut-être pas la même.

C'est également à ce même niveau des parties que devront être appréciées un certain nombre de conditions du contrat (consentement, capacité...). En effet, parmi les conditions de validité des contrats, figurent le consentement des parties qui s'obligent et leur capacité juridique de contracter, soit en tant que personne physique, soit en tant que personne morale.

B./Le contenu de la clause d'identification des parties

210. Les parties au contrat doivent être clairement identifiées par leur identité comme par leur capacité. Le contenu de la clause d'identification varie suivant qu'il s'agit d'une personne physique ou d'une personne morale.

211. L'identification d'une personne physique est assurée par les mentions suivantes :

- noms et prénoms ;
- date et lieu de naissance ;
- domiciliation ;

---

[36] Voir not. : – Burkina Faso : art. 1165 du Code civil. – Cameroun : art. 1165 du Code civil. – Comores : art. 1165 du Code civil. – Côte d'Ivoire : art. 1165 du Code civil. – France : art. 1165 du Code civil. – Guinée : art. 668 et s. du Code civil. – Mali : art. 77 et s. du Code des obligations. – RDC : art. 63 du Code des obligations et contrats (Décret du 30 juillet 1888 [B.O., 1888, p. 109]). – Sénégal : art. 96 et 110 du COCC.

- nationalité éventuellement ainsi que, parfois, d'autres informations complémentaires comme le numéro d'inscription au registre du commerce et du crédit mobilier de l'entreprise.

212. Les personnes morales ne sont pas des personnes humaines en chair et en os. Elles ne peuvent contracter que par l'entremise de personnes physiques qui en constituent les organes. À cet effet, il convient d'indiquer le titre et le nom de la personne physique qui représente la personne morale et de se renseigner pour savoir si ce dernier a effectivement la qualité de représentant et s'il dispose des pouvoirs suffisants pour réaliser l'opération envisagée.

Sous ce rapport, pour la personne morale, l'identification de l'entreprise et du signataire doit être clairement déclarée. Cette identification mentionnera les informations suivantes :

- dénomination sociale ;
- forme juridique ;
- montant du capital social éventuellement ;
- adresse du siège social ;
- numéro d'inscription au registre du commerce et du crédit mobilier de l'entreprise et lieu d'immatriculation ;
- identité et fonction du signataire.

213. Le *principe de spécialité* interdit aux personnes morales de faire des actes étrangers à l'objet social. Néanmoins, cette règle est fortement atténuée dans la pratique :

- par la définition très extensive de l'objet social dans les statuts ;
- vis-à-vis de tiers de bonne foi, car la société (à l'exception des sociétés de personnes) est engagée même par les actes des dirigeants qui ne relèvent pas de l'objet social[37] ;
- dans la mesure où les clauses statutaires limitant les pouvoirs des dirigeants sont inopposables aux tiers.

214. Quand l'acte juridique est un contrat simple et met en présence deux parties seulement, il est généralement aisé de qualifier le rôle que chacune des parties aura dans l'opération contractuelle. On n'aura aucune difficulté, par exemple, à déterminer que X est le vendeur et B est l'acheteur même si cela n'a pas été mentionné expressément au début du contrat.

Des précisions apparaissent nécessaires lorsque l'opération est plus compliquée, en particulier parce qu'elle met en

---

[37] Voir les articles 329, 436, 465, 487 et 498 de l'AUDSC et GIE

présence plus de deux personnes. Citons à titre d'exemple, le contrat de prêt où figurent les signatures des prêteur, emprunteur et caution, voire des prêteurs emprunteurs et cautions.

§ 2 – Les conseils et écueils à éviter

215. Un des premiers points à vérifier est l'identité et la capacité des parties (**A**). Il est également important de s'assurer de l'habilitation des parties contractantes (**B**).

A./La vérification de l'identité et capacité des parties

216. Lorsqu'on contracte avec une personne physique, il est indispensable de vérifier son identité et sa capacité. Pour contrôler l'identité de la personne physique avec laquelle on contracte, il faut lui demander les renseignements nécessaires à son identification précise, notamment un extrait de son état civil.

Dans la pratique, les parties négligent souvent de demander une telle pièce. Or, elle permet de vérifier si la personne physique avec laquelle vous contractez a la capacité pour s'engager. Par conséquent, il n'y a rien d'inconvénient à solliciter de tels renseignements.

Un mineur, par exemple, ne peut valablement contracter que par l'intermédiaire de ses parents ou de son tuteur, car il est soumis au régime de l'administration légale. Cette remarque vaut pour les majeurs sous tutelle ou sous curatelle.

217. Il faut bien identifier les partenaires au contrat en vérifiant qu'ils aient la personnalité morale (juridique). Sauf à invoquer la théorie de l'apparence, un contrat signé au nom d'une structure dépourvue de la personnalité morale (par exemple un laboratoire), ou signé par une personne physique non habilitée, n'a aucune valeur juridique !

Par ailleurs, il m'est souvent arrivé de relever dans certains contrats que la société à responsabilité limitée est représentée par un directeur général. Il n'existe pas de directeur général dans une société à responsabilité limitée. La SARL, du moins dans l'espace OHADA, est dirigée par un gérant.[38] Lorsqu'on est friand de titre, il faut créer une société anonyme pour devenir président directeur général ou directeur général.

---

[38] Article 323 de l'AUDSC et du GIE.

218. Il faut également vérifier si l'entreprise s'engage :
- en son nom et pour son propre compte ou en tant que mandataire,
- solidairement vis-à-vis du partenaire et en mesurer les conséquences.

219. Toutes les parties au contrat, y compris les divers intervenants, par exemple une caution, doivent être décrites de façon détaillée. Il en est de même des tiers participants, c'est-à-dire des personnes dont la participation au contrat est requise mais qui n'y sont point parties (témoins, notaire...). Afin d'alléger le texte, les parties pourront être désignées par un ou deux mots ou encore par des initiales (exemple : « ci-après appelé "le vendeur" »).

B./La vérification de l'habilitation des parties

220. Une mauvaise habilitation des parties peut avoir des répercussions considérables sur le contrat. Il faut vérifier que les personnes physiques signataires du contrat sont bien habilitées à le faire et engagent en conséquence les partenaires respectifs. La vérification des pouvoirs de la personne qui représente la personne morale (société) pour signer le contrat est indispensable au moment de la conclusion du contrat.

221. Aux termes de l'article 121 de l'AUDSC et du GIE, les organes de gestion, de direction et d'administration ont *tout pouvoir pour engager la société sans avoir à justifier d'un mandat spécial, les limitations de pouvoir prévues par les statuts étant inopposables au tiers de bonne foi.* Ces organes de gestion et de direction sont, par exemple, le Directeur Général ou le Président du Conseil d'Administration dans une société anonyme. Les organes d'administration sont, par exemple, le Conseil d'Administration ou l'Administrateur Général dans le cas d'une société anonyme. Si la désignation des parties ne mentionne pas l'*identité et à la qualité de la personne habilitée à signer le contrat.*, des risques de confusion sont à craindre.

Si le signataire du contrat n'est pas le représentant légal de la société au sens de l'Acte uniforme OHADA relatif au droit des sociétés commerciales et du groupement d'intérêt économique (président, directeur général, gérant...) ni titulaire d'une délégation de pouvoirs l'habilitant à engager la société ou d'un pouvoir spécial le désignant nommément pour conclure le contrat considéré, la nullité du contrat pourrait être ultérieurement demandée. Cette nullité peut être demandée aussi bien par l'autre partie que par la société elle-même.

Exemple de clause d'identification des parties *(contrat entre une personne morale et une personne physique)*

> **ENTRE**
>
> La société <*dénomination sociale*>, société <*forme juridique*> au capital de <*montant*> Francs, dont le siège social est <*adresse du siège social*>, immatriculé au Registre du Commerce et du Crédit Mobilier de <*ville*> sous le numéro <*n° d'inscription*>, représentée par M./Mme <nom et prénom>, ayant pour fonction <*fonction*>, et ayant tous pouvoirs à l'effet des présentes,
>
> ci-après désignée le « PRESTATAIRE », d'une part,
>
> **ET**
>
> Monsieur/Madame <*nom et prénom*>, Profession <*profession*>, né(e) le <date> à <*lieu*>, fils (lle) de <*nom du* père> et de <*nom de la mère*>, titulaire de la carte d'identité ou passeport n° <*numéro*> délivré à <*lieu*>, de nationalité <*nationalité*>,
>
> ci-après désigné le « CLIENT », d'autre part,
>
> Le « PRESTATAIRE » et le « CLIENT » étant par ailleurs désignés les Parties

SECTION 3 : LE SOMMAIRE

222. Le sommaire est souvent nécessaire dans un contrat. Il convient de présenter sa fonction (**§ 1**), avant de préciser les écueils à éviter lors de sa rédaction (**§ 2**).

§ 1 – La fonction du sommaire

223. Le sommaire rend plus lisible le contrat. Il permet au lecteur d'éviter une recherche longue et fastidieuse, et de visualiser, d'un seul coup d'œil, l'ensemble des clauses du contrat.

224. Le sommaire présente les titres, les chapitres et grandes subdivisions du contrat. À la différence de la table des matières, le sommaire est succinct. Il ne contiendra pas, par exemple, les sous-articles, contrairement à une table des matières classique. Il figure en début du contrat, alors que la table des matières figure généralement à la fin du contrat.

§ 2 – Les conseils et écueils à éviter

225. Pour rédiger le sommaire, il convient de numéroter, au préalable, les articles et pages du contrat. Il est préférable d'*opter pour une numérotation laissant apparaître le nombre total de pages*. Les pages des annexes doivent comporter un type différent de numérotation, en chiffres romains par exemple.

Par ailleurs, afin de faciliter le repérage, un court titre doit être attribué à chaque article du contrat.

226. Le sommaire doit être succinct et tenir, de préférence, sur une page aérée. Il faut veiller à ce que les intitulés des titres et articles soient les mêmes dans le sommaire et dans le corps du contrat.

SECTION 4 : LE PRÉAMBULE

227. Le préambule n'est pas obligatoire dans un contrat. Mais, il est souvent utile de commencer par un préambule, surtout dans les contrats complexes ou lorsque les négociations ont été particulièrement longues. Il convient d'apporter des précisions sur le contenu du préambule (**§ 1**) et les écueils à éviter lors de sa rédaction (**§ 2**).

§ 1 – Le contenu du préambule

228. Le préambule permet aux parties d'exprimer pourquoi elles sont entrées en négociation et ont décidé de conclure le contrat. Son intérêt (**A**) et sa portée (**B**) ne sont pas négligeables.

A./L'intérêt du préambule

229. Le préambule est une sorte d'avant-propos qui permet de mentionner expressément, et sur le même document, le cadre dans lequel l'accord est intervenu. Il retrace l'historique des relations entre les parties et rappelle l'intention poursuivie par celles-ci en concluant le contrat. [39]

Ainsi, les parties qui rédigent un préambule désirent :

- soit rappeler l'environnement du contrat qui conditionne leur engagement, à savoir l'existence de contrats connexes, la compétence particulière d'une partie, les objectifs qu'elles poursuivent ou encore les circonstances qui prévalent au moment de la conclusion ;
- soit résumer le contrat, auquel cas il est adressé simplement aux tiers ou aux dirigeants de l'entreprise.

Bref, il s'agit d'un résumé des motifs ayant conduit les parties à contracter l'une avec l'autre.

230. Outre le fait de retracer les grandes étapes ayant abouti à la conclusion du contrat, le préambule sera d'une grande utilité chaque fois que le juge ou l'arbitre sera saisi relativement à des divergences d'interprétation du contrat. Il s'appuiera sur le préambule pour prendre sa décision, notamment en recherchant la commune intention des parties. Par conséquent, une bonne description des bases du contrat peut s'avérer utile si, plus tard, le juge peut avoir à l'interpréter.

B./La portée du préambule

231. Le préambule a la même valeur juridique que le corps du contrat. Il peut donc faire naître des obligations. C'est pour cette raison qu'il faut prendre soin de sa rédaction.

232. La portée du préambule est beaucoup plus manifeste au moment de l'interprétation du contrat. En règle générale, le préambule ne contient pas d'engagement. C'est le corps du contrat qui définit les droits et les obligations des parties. *L'effet juridique principal du préambule est l'interprétation du contrat.* Ainsi, on y retrouve les circonstances, les explications, les compétences des parties, les motivations à contracter, les objectifs poursuivis, etc.

233. Une différence d'interprétation du préambule existe entre les pays de « *Common law* » et les pays de « *Civil law* ».

Dans les pays de « *Common law* » : la volonté déclarée a plus d'importance que la volonté réelle des parties. Les juges ne

---

[39] Il permet aux parties d'exprimer pourquoi elles sont entrées en négociation et ont décidé de conclure le contrat.

vérifient pas si les termes employés correspondent bien à la réalité. Ils recherchent ce qu'un homme raisonnable donnerait à l'expression de la volonté telle qu'elle est exprimée dans le contrat.

Dans les pays de « *Civil law* » : la vérité réelle l'emporte sur la vérité déclarée. Les juges vont au-delà des écrits pour rechercher ce que les parties ont vraiment voulu dire.

234. Le rôle interprétatif du préambule est moins accentué dans les pays de « *Common law* ». Dans ces pays, si les dispositions du corps du contrat sont claires, il n'est pas fait recours au préambule. Dans les pays de « *Civil law* », le juge cherche si la volonté exprimée dans le contrat correspond à la volonté réelle des parties et s'aide si nécessaire du préambule. Il peut donc s'y référer même s'il n'y a pas d'ambiguïté.

En outre, en rappelant le lien économique qui existe entre le contrat qui est conclu et des contrats précédents, cela permet de mieux comprendre le contenu du nouveau contrat. De même, le rappel des circonstances qui ont entouré la négociation et qui prévalent au moment de la conclusion du contrat permettent une meilleure interprétation et une meilleure mise en œuvre des clauses de *hardship*.

§ 2 – Les conseils et écueils à éviter

235. Lors de la rédaction du préambule, il faut éviter des contradictions entre le préambule et le corps du contrat (**A**), l'utilisation de certains qualificatifs sans plus-value (**B**).

A./Éviter les contradictions avec le corps du contrat

236. Souvent, lorsque deux parties parviennent à se mettre d'accord à la fin d'une longue période de négociations, c'est l'euphorie si bien qu'elles négligent d'apporter le soin nécessaire à la rédaction du préambule. Or, la rédaction du préambule ne doit pas être prise à la légère car il peut avoir des effets juridiques importants en cas de litige.

Il arrive souvent que le préambule soit limité au résumé du contrat. Ce genre de contenu peut être dangereux car des contradictions peuvent apparaître entre les engagements des parties dans le corps du contrat et le contenu du préambule, soulevant des difficultés d'interprétation.

237. Normalement, les obligations des parties sont stipulées dans le corps du contrat. Si certaines obligations sont reprises dans le préambule, *il faut être attentif à ce qu'il n'y ait pas de contradictions avec celles qui sont énoncées par ailleurs.* Il vaut mieux ne pas donner de détails dans le préambule et insister uniquement sur les spécificités et les constatations importantes.

B./Éviter l'emploi de certains qualificatifs

238. Dans le préambule, il est souvent fait mention des compétences particulières d'une des parties ou bien de la qualité toute particulière d'un des produits. Il n'est pas interdit d'utiliser ces compliments flatteurs, comme « *leader mondial* », « *mondialement reconnu* ».

Attention ! Ces louanges, qui ne sont pas dénuées d'arrière-pensées, accroissent la responsabilité de la partie dont on souligne la compétence. En effet, en cas de différend, le juge ou l'arbitre saisi du dossier se montrera beaucoup plus exigeant vis-à-vis de la partie qui a été la plus flattée.

239. Le préambule ne doit pas être nécessairement long. Par conséquent, il faut éviter d'intégrer dans le préambule des définitions qui ne feront qu'alourdir cette clause. Le préambule doit rappeler, en quelques lignes, les raisons qui ont motivé le contrat conclu. Il doit permettre, à travers quelques clés de lecture, de faire la lumière sur l'opération envisagée.

En résumé, il est recommandé de rédiger un préambule clair et factuel, en faisant usage des phrases courtes et précises.

Exemple de préambule

« ÉTANT PRÉALABLEMENT RAPPELÉ QUE :

La société........ est spécialisée dans la fabrication et la distribution sous la marque.......... de produits et/ou services.........

La commercialisation de ces produits et services est assurée au moyen d'un réseau de distributeurs exclusifs regroupés sous l'enseigne.........

La société............... a souhaité pouvoir bénéficier de la qualité de Concessionnaire exclusif.

Les parties se sont rapprochées afin de confier à la société............la commercialisation, en qualité de Concessionnaire, des produits et services.

IL A ÉTÉ ENSUITE CONVENU ET ARRÊTÉ CE QUI SUIT : »

SECTION 5 : LES DÉFINITIONS

240. Il peut être utile de prévoir dans le contrat une clause dans laquelle on retrouve les mots clés (termes techniques ou sujets à discussion) spécifiques au contrat (**§ 1**). Cette clause doit être rédigée avec précaution (**§ 2**).

§ 1 – L'intérêt des définitions dans un contrat

241. Les définitions sont importantes, car elles permettent de prévenir toute difficulté ultérieure. La définition des mots clés ayant la même signification pour les deux parties permet :
- la réduction des incertitudes sur les principaux termes utilisés et donc la suppression des ambiguïtés ;
- la simplification et l'allégement de la rédaction dans la mesure où la définition est donnée une fois pour toutes, le même terme ayant le même sens dans l'ensemble du contrat.

En résumé, cet exercice permet aux parties de s'entendre sur un vocabulaire commun et de s'assurer que les parties ont la même compréhension des mots clés. Les parties sont liées par les définitions insérées.

242. L'utilité des définitions est incontestable dans les accords internationaux. Il s'agit d'un moyen de traduction par la mise en place de termes équivalents dans les différentes langues en présence. Les parties s'entendent sur un contenu car une traduction directe pourrait être une source de confusion. Les définitions aideront le juge s'il doit interpréter le contrat ; à défaut, il aura toute la latitude pour prendre la décision qu'il estime juste.

§ 2 – Les conseils et écueils à éviter

243. Il est fortement conseillé de faire ressortir les termes définis par rapport au reste du texte (par exemple en gras, en majuscule, en italique...). Cela permet de rappeler que c'est au sens précédemment indiqué que ces termes sont utilisés.

244. La rigueur est indispensable dans la rédaction des définitions. Il faut s'assurer que les mots clés sont bien définis dans le contrat. En outre, il faut éviter trop de définitions.

Exemple de clause de définition des termes du contrat

Article ..... : Définitions

Aux fins du présent Accord, à moins que le contexte n'exige, ne requiert ou ne permette une autre signification, les mots et les expressions ci-dessous cités s'entendent de la manière suivante :

a) Le terme « GOUVERNEMENT » désigne le Gouvernement de la République du Cameroun ;

b) Le terme « PNUD » désigne le Programme des Nations Unies pour le Développement ;

c) Le terme « LOCAUX » désigne les bâtiments et parties des bâtiments, acquis ou loués par l'Organisation et occupés par elle pour le seul accomplissement de ses activités officielles.

d)........

CHAPITRE 2 :

LES STIPULATIONS RELATIVES AU CORPS DU CONTRAT

245. Le corps du contrat regroupe les clauses qui sont de l'essence même du contrat. Ces clauses, qui sont en grande partie essentielles pour la validité de l'opération envisagée, forment le socle contractuel.

246. Aussi, les stipulations relatives au corps du contrat concernent, notamment, l'objet du contrat (**section 1**), les flux financiers nés du contrat (**section 2**), l'exécution du contrat (**section 3**), la modification du contrat (**section 4**), la fin du contrat (**section 5**).

SECTION 1 : LES CLAUSES RELATIVES À L'OBJET

247. Tous les contrats ont un objet. L'objet du contrat définit l'opération juridique que les parties envisagent de réaliser. La validité de cette clause (**§ 1**), dont il convient de présenter la finalité (**§ 2**), est soumise à certaines conditions.

§ 1 – Les conditions de validité de l'objet

248. Quatre conditions sont essentielles pour la validité d'un contrat : le consentement, la capacité, l'objet et la cause. Un contrat sans objet ne peut donc pas exister. L'objet doit être possible (**A**), certain (**B**) et licite (**C**).

A./L'objet du contrat doit être possible

249. *Impossibilium nulla obligatio est,* la maxime latine est connue : à l'impossible nul n'est tenu. En d'autres termes, l'*objet doit être possible,* c'est-à-dire qu'il doit être dans les capacités du débiteur de l'effectuer. En effet, le contrat ne peut pas être possible si l'objet ne peut pas être matériel ou si la prestation ne peut pas être effectuée. Toutefois, cette impossibilité doit être *absolue.*

Pour la sécurité et la stabilité des contrats, la jurisprudence estime que, pour la formation du contrat, l'impossibilité de l'objet doit être absolue et non relative. Seule l'impossibilité absolue va entraîner la nullité du contrat. L'impossibilité relative est celle d'un débiteur qui a surestimé ses capacités. S'il ne peut effectuer l'opération lui-même, il doit faire appel à un tiers pour l'exécuter à sa place.

C'est lorsque personne ne peut exécuter la prestation qu'il y a impossibilité absolue. À titre d'exemple, l'impossibilité absolue consisterait à s'engager à ramener à la vie une personne décédée. À l'inverse, l'impossibilité relative consisterait pour un entrepreneur à accepter un marché alors qu'il n'a pas les moyens pour l'exécuter. L'impossibilité relative n'est pas une cause de nullité, elle permet d'engager la responsabilité contractuelle du débiteur.

250. Il n'est pas nécessaire que l'objet existe au moment de la formation du contrat. Il en est ainsi, par exemple, lorsqu'une personne achète un appartement qui est en train d'être construit. En revanche si l'appartement n'est jamais construit, le contrat sera caduc.

B./L'objet du contrat doit être certain

251. L'objet doit être *certain*, c'est-à-dire déterminé ou déterminable ; déterminé dans son espèce mais pas obligatoirement dans son individualité.

Les parties doivent savoir à quoi elles s'engagent. De ce fait, l'objet du contrat doit être *précis* (je vends ce stylo et pas un autre). Par conséquent, si le contrat ne porte pas sur une chose déterminée, le contrat pourra être annulé.

252. L'objet peut aussi être *déterminable.* Il n'a pas à être *déterminé* si lors du contrat il est assez *déterminable.* Il doit être déterminable en dehors de tout arbitraire de l'une des parties. Par exemple dans un contrat de travail, la prestation de travail du salarié doit être décrite.

253. En tout état de cause, l'objet du contrat doit nécessairement exister. En l'absence d'objet, il n'y a pas de contrat. Il permet de savoir ce sur quoi porte le contrat. L'objet peut porter sur une chose future. Exemple : vente d'un immeuble à construire.

C./L'objet du contrat doit être licite

254. L'objet doit être *licite,* c'est-à-dire conforme à la loi. Il ne doit pas porter sur des choses qui sont hors du commerce juridique ou contraire à l'ordre public et aux bonnes mœurs.

L'évolution des mœurs peut varier d'un pays à un autre, il est donc nécessaire de se renseigner au moment de contracter. De manière générale, la personne humaine, ses éléments et ses produits, certaines choses dangereuses (vente de la drogue), les biens du domaine public, ne peuvent faire l'objet de conventions.

§ 2 – La finalité de l'objet

255. L'objet revêt un intérêt particulier dans tout contrat (**A**). L'objet du contrat doit être le plus précis possible pour éviter toute ambiguïté, d'où l'intérêt d'être attentif à sa rédaction (**B**).

A./L'intérêt de l'objet

256. L'objet permet d'appréhender le contrat de manière globale et unitaire. Il résume le *pourquoi de l'existence du contrat.* Par conséquent, les parties ont intérêt à bien cerner l'opération juridique (objet) qu'elles envisagent de conclure, dans la mesure où cette opération permet de déterminer les droits et les obligations découlant du contrat.

À défaut de bien pouvoir identifier correctement cette opération juridique, les parties s'exposent donc à des surprises quant à la détermination de leurs droits et obligations respectifs.

257. L'objet permet également d'apprécier la licéité du contrat au regard du droit applicable. Comme on l'a vu, le contrat est nul si son objet est impossible.

B./Les conseils et écueils à éviter

258. L'objet du contrat doit être rédigé avec précision. Il doit être compris par chacune des parties car il fixe le cadre du contrat, les droits et obligations respectifs. Un objet mal défini peut avoir de lourdes conséquences financières, surtout lorsqu'il s'agit d'un ensemble contractuel. Il faut notamment avoir à l'esprit les aspects fiscaux de l'opération envisagée au moment de la définition de l'objet.

259. Lorsque le contrat porte sur une pluralité d'opérations juridiques, les droits et obligations qu'il engendre doivent s'apprécier non pas en fonction d'une seule mais plutôt d'une pluralité d'opérations juridiques. À cet effet, il faut veiller à faire un bon arrimage entre chaque opération juridique et les droits et obligations qu'elle engendre.

260. L'objet du contrat est différent de l'objet des pourparlers. Il convient donc de distinguer ces différents objets. De même, l'objet du contrat doit être distingué de l'objet de l'obligation.

L'*objet du contrat* désigne l'opération contractuelle que les parties envisagent de réaliser. C'est une notion économique qui désigne ce sur quoi porte le contrat. L'*objet de l'obligation* doit être entendu comme la prestation qu'une partie au contrat s'est engagée à exécuter. Dans un contrat de vente, par exemple, l'objet de l'obligation du vendeur est la délivrance de la chose, celui de l'acheteur est le paiement du prix.

Exemple de clause relative à l'objet du contrat *(pour un contrat de maintenance d'un site web)*

Article... : Objet

Le présent contrat a pour objet de définir, de garantir et d'assurer au Client un service de maintenance moyennant le versement d'une redevance pour le matériel désigné en annexe.

Ce service comprend : un dépannage sur appel et un dépannage sur intervention sur site.

SECTION 2 : LES CLAUSES RELATIVES AU PRIX

261. En général, les contrats ne sont pas à titre gratuit, ils sont conclus à titre onéreux et le prix constitue l'une des clauses les plus négociées par les parties. Le prix des prestations (**§ 1**) et les conditions de paiement (**§ 2**) doivent être clairement précisés.

§ 1 – Le prix des prestations

262. Le prix permet de fixer la rétribution de celui qui fournit un bien ou une prestation de service. Ce prix peut être fixe (**A**) ou évolutif (**B**).

A./La détermination du prix

263. De manière générale, le prix doit être *déterminé* ou *déterminable* sur la base d'éléments de référence inscrits au contrat. À tout objet, il y a une contrepartie, laquelle est souvent sous forme monétaire.

La valeur de cette considération (prix, loyer, honoraires, salaire, royalties, redevance, etc.) doit être indiquée. Elle peut être déterminée dans le contrat, ou par le biais d'un contrat-cadre. Elle peut résulter de tarifs ou conditions générales.

264. Le prix doit être déterminé ou *déterminable de façon objective*. De ce fait, aucun nouvel accord des parties ne doit être nécessaire pour fixer le prix. De même, aucune des parties ne doit avoir la possibilité de fixer de manière unilatérale le prix.

Toutefois, cette règle supporte quelques exceptions avec la *clause de prix catalogue* ou la *clause de prix à dire d'expert*. La *clause de prix catalogue* est celle en vertu de laquelle le prix sera déterminé par référence au tarif du fournisseur au jour de la conclusion du contrat. Cette clause, qui est courante dans les contrats-cadre de distribution, permet à l'une des parties au contrat de déterminer unilatéralement le prix.

La *clause de prix à dire d'expert* est une clause qui laisse la fixation du prix à l'arbitrage d'un tiers. Elle permet aux parties qui n'arrivent pas à s'entendre sur le prix de désigner un tiers qui va fixer le prix à leur place. Ce tiers peut être un groupement professionnel ou un expert désigné par un juge.

265. Lorsque le contrat fixe le prix hors taxes, il conviendra de préciser le régime de taxe applicable. En outre, si le prix est spécifié TTC (Toutes Taxes Comprises), les parties doivent avoir à l'esprit que ce prix ne peut plus évoluer en cas d'augmentation ou de baisse de la TVA (Taxe sur la Valeur Ajoutée) au cours de l'exécution de la prestation. Toutefois, le prix pourrait évoluer si le contrat prévoit, par ailleurs, de répercuter automatiquement tout changement sur le prix.

266. Pour certains contrats, il est nécessaire de préciser les modalités tarifaires des frais accessoires tels que les frais de livraison, de transport et d'assurance. Cela permet d'éviter toute mauvaise surprise. Le contrat doit mentionner explicitement la partie qui supportera les frais accessoires ou annexes.

267. Enfin, il est préférable que le prix soit exprimé en lettres et en chiffres. Par exemple : « *vingt millions (20.000.0000) de francs CFA* »).

B./L'évolution du prix

268. Le refus de réviser un contrat en cours d'exécution peut s'avérer très handicapant. Cet écueil peut aisément être évité par les parties de façon conventionnelle, au moment de la conclusion du contrat, à travers l'insertion d'une clause d'indexation (**1**) ou de révision (**2**).

1. La clause d'indexation

269. La clause d'indexation est un mécanisme qui permet de faire varier de façon automatique le prix. Elle prévoit la révision automatique du prix stipulé dans le contrat en fonction de la variation d'un ou plusieurs indices. Elle est également connue sous l'appellation « *clause de variation automatique* » ou « *clause d'échelle mobile*[40] ».

Le plus souvent, cette clause reporte tout ou partie du risque sur l'autre partie au contrat. C'est pour cette raison que son contenu n'est pas facile à négocier.

270. La clause d'indexation doit comporter deux éléments : elle doit préciser la *valeur indexée*, c'est-à-dire le prix initial, ainsi qu'un *indice*. Cet indice est une valeur de référence dont les modifications vont se répercuter sur le prix initial. L'indice retenu doit être défini avec précision et être en relation directe avec l'objet du contrat ou l'activité de l'une des parties. Il ne doit pas recouvrir plusieurs situations.

Par ailleurs, en fonction du contrat, il est recommandé de prévoir un indice de substitution à celui choisi. Cela permet aux parties d'éviter, en cas de nullité de l'indice choisi ou de sa disparition, de recourir à un expert ou à un juge pour fixer un nouvel indice.

271. Dans les contrats dont l'exécution s'étend sur une longue durée, les parties ont intérêt à prévoir une clause

---

[40] La clause d'échelle mobile est une stipulation par laquelle les parties s'accordent sur l'indexation du loyer, permettant une révision automatique en cours de bail suivant une périodicité convenue.

d'indexation ou une clause de révision du prix qui permettra de faire varier le prix en fonction de circonstances extérieures telles que l'inflation, la variation de la monnaie, l'augmentation du prix des matières premières, etc. Par le jeu d'une telle disposition, elles peuvent modifier automatiquement le prix pour se préserver des risques d'érosion monétaire.

272. L'indexation peut être monétaire ou économique. La *clause d'indexation monétaire* a pour objet d'adapter le prix aux fluctuations monétaires. Un exportateur, par exemple, qui craint une variation du cours de change ou désire compenser l'inflation ou la variation de certains coûts ayant un impact sur le prix, doit prévoir une clause d'indexation dans le contrat. Cette clause doit être claire et précise.

Exemple de clause d'indexation monétaire

Article.... : Indexation monétaire

Dans le présent contrat, les prix sont basés sur la parité dollar par rapport au franc CFA du 4 janvier 2021. Toute variation du taux de change de plus ou moins deux virgules cinq pour cent (2,5 %) donnera lieu à une diminution ou à une augmentation automatique et proportionnelle des prix.

273. La *clause d'indexation économique* utilise une formule qui va faire évoluer le prix en fonction d'un indice reflétant l'évolution générale des prix dans le secteur, ou en amont de la relation contractuelle, ou de façon générale. La formule d'indexation doit être précise et reposer sur des bases de calcul quantifiables.

Il faut éviter des clauses au contenu flou et ambigu qui auront du mal à s'appliquer. Il en est ainsi d'une clause qui lie l'évolution des prix à la conjoncture économique.

De manière générale, on retrouve les clauses d'indexation économique dans les contrats de fournitures et de travaux. Ces contrats comportent généralement des clauses de révision de prix en fonction de l'évolution du coût des consommations intermédiaires (énergie, ciment, etc.) et de la main-d'œuvre. On retrouve également ces clauses dans les contrats de bail.

274. Concernant le contrat de bail commercial, l'ancien article 84 de l'Acte uniforme portant sur le droit commercial général avait prévu la possibilité d'une révision du loyer à l'expiration de chaque période triennale.[41] Dans ce cas, il faut éviter toute confusion entre l'indexation conventionnelle et la révision triennale. Ainsi, il est recommandé aux parties d'utiliser le terme « *révision* » lorsqu'elles font référence à la révision triennale légale et celui d'« *indexation* » s'il s'agit d'une clause d'échelle mobile.

En outre, lorsqu'il s'agit d'une clause d'échelle mobile, il faut mentionner clairement le caractère automatique de la révision. Cette précaution lève toute ambiguïté sur la nature de la clause et permet à celle-ci de s'appliquer de plein droit, sans formalité.

Exemple de clause d'échelle mobile

Article.... : Indexation du loyer

Les parties conviennent également que le montant du loyer ci-dessus fixé variera automatiquement en fonction d'une clause d'échelle mobile.

Le loyer sera donc indexé chaque année sur l'indice national trimestriel du coût de la construction publié par l'Institut National de la Statistique et des Études Économiques. L'indice de référence est le dernier publié au jour de l'entrée en jouissance du preneur dans les locaux loués.

---

[41] TPI de Cotonou, 10 mai 2001, *Affaire dame ADJANOJOUN Odette c./ Héritiers ASSOURANMOU Mathias*. Le loyer est révisable dans les conditions fixées par les parties ou à défaut, à l'expiration de chaque période triennale. Ce principe est repris dans une autre affaire rendue par le Tribunal de Première Instance de Bangangté (Cameroun) : TPI, 17 avril 2003, *Affaire TCHOUMBA Dieudonné c./ Société générale distribution*. Suivant le nouvel article 116 de l'Acte uniforme révisé portant sur le droit commercial général, le prix du loyer est librement fixé par les parties sous réserve des dispositions législatives ou réglementaires applicables. Le loyer est révisable dans les conditions fixées par les parties ou *à défaut lors de chaque renouvellement au titre de l'article 123 de cet Acte uniforme*. Il n'est plus fait mention de période triennale.

2. La révision

275. Le mécanisme employé pour faire évoluer le prix du contrat peut être plus sophistiqué, à travers l'insertion dans le contrat d'une clause de révision ou de renégociation. La révision est la modification d'un acte juridique, en vue de son adaptation aux circonstances.

276. La clause de révision de prix intervient pour prendre en compte une modification substantielle de l'équilibre du contrat, qui dépasse les fluctuations prévisibles. En l'absence d'une telle clause, souvent qualifiée de « *hardship clause* », la question de l'imprévision se posera[42].

§ 2 – Le règlement du prix

277. Le règlement du prix n'est souvent pas effectué lors de la signature du contrat. Il convient d'en prévoir les modalités (**A**), de façon sécurisée (**B**) d'autant plus que ce paiement sera postérieur à l'exécution de la prestation par l'autre partie.

A./Les modalités de paiement

278. En dehors des contrats internationaux, la clause désignant une monnaie étrangère comme monnaie de paiement est en général prohibée. Les paiements internes doivent donc être effectués en monnaie locale, au risque de jeter un discrédit sur la monnaie nationale et par conséquent d'entamer sa valeur.

279. Pour éviter le risque de change, la monnaie de paiement est souvent une monnaie locale, surtout lorsque les paiements sont échelonnés dans le temps. Mais attention, cela veut dire qu'on reporte le risque sur l'autre partie.

Prenons l'exemple d'un contrat, dont le montant est établi en monnaie locale non convertible et prévoyant que celui-ci sera payé en monnaie étrangère. Si au cours de son exécution, la monnaie locale est dévaluée de 10 %, la perte pour l'entreprise sera de 10 % sur le montant restant à payer au titre du contrat.

280. Dans les contrats internationaux, *il est recommandé de décomposer la monnaie de paiement en deux parties* : une partie locale libellée en monnaie locale, pour faire face aux

---

[42] Voir les développements sur la clause de *hardship*, infra n° 359.

dépenses de fonctionnement du projet par exemple, et une partie transférable libellée en monnaie étrangère. Cela permet d'être à l'abri des modifications des taux de change. Si le paiement doit se faire en une monnaie unique, il est vivement conseillé d'opter pour une monnaie convertible.

281. La clause relative aux modalités de paiement doit indiquer *le moment* et *le lieu du paiement*, ainsi que *les intérêts applicables* en cas de retard de paiement. Sauf pour les prix d'un faible montant, il est prudent d'effectuer les paiements par virement ou par chèque.

Attention ! Les modifications ultérieures de la situation doivent faire l'objet d'avenant. Il en est ainsi, par exemple, de la modification de la domiciliation bancaire qui intervient souvent au cours de la vie contractuelle. À défaut, les paiements seront effectués conformément aux stipulations contractuelles.

B./Les garanties du paiement

282. Le paiement peut être assorti de sûretés personnelles (cautions) données par le débiteur de l'obligation, un tiers ou de sûretés réelles, mobilières ou immobilières. Les garanties peuvent être soit conditionnelles, soit inconditionnelles comme les garanties à première demande.

283. La garantie à première demande est une sûreté personnelle non accessoire. Elle est également connue sous le nom de garantie autonome, garantie contractuelle ou lettre de garantie.

Imaginée par la pratique et très répandue dans le monde des affaires, la garantie à première demande a été consacrée par l'Acte uniforme OHADA portant organisation des sûretés[43]. C'est une garantie autonome par rapport au contrat de base. À cet effet, le donneur d'ordre ne peut pas s'opposer à son paiement, si ce n'est pour des raisons tenant à cet engagement de garantie lui-même. Cette autonomie lui confère une efficacité supérieure à celle des sûretés accessoires.

La garantie est apportée par un organisme financier ou une compagnie d'assurances qui s'oblige à payer le montant garanti, sans contestation possible, dès la première demande. Ainsi, un entrepreneur peut demander à sa banque d'accorder une garantie de bonne exécution à un client afin de garantir à ce dernier qu'il réalisera ses obligations de façon satisfaisante.

---

[43] Voir les articles 39 et suivants de cet Acte uniforme.

284. *Attention !* Du fait de son autonomie, la garantie à première demande doit être mise en œuvre conformément à ses stipulations. Par conséquent, il faut être vigilant lors de sa rédaction. Une formulation ambiguë peut être source de difficultés.

Le texte de la garantie doit faire référence au contrat de base et déterminer avec précision les obligations qu'elle couvre. Cette précaution évite aux parties le risque de voir la garantie appelée pour une raison fallacieuse.

Les parties ont également intérêt à mentionner la date de l'entrée en vigueur de la garantie ainsi que sa date d'expiration ou sa période de validité. Elles doivent aussi mentionner le montant ainsi que la devise de paiement de la garantie. Si le montant de la garantie est réductible, il est prudent d'indiquer les événements qui pourront entraîner cette réduction.

SECTION 3 : LES CLAUSES ENCADRANT L'EXÉCUTION DU CONTRAT

285. De nombreuses clauses sont souvent utilisées pour encadrer l'exécution du contrat. Dans certains actes juridiques, elles portent sur la durée du contrat (**§ 1**), le droit applicable au contrat (**§ 2**) ou se limitent aux modalités d'exécution du contrat, à la responsabilité des parties (**§ 3**). Dans d'autres actes, ces clauses vont plus loin et visent à unifier, alléger ou intensifier les obligations contractuelles des parties (**§ 4**).

§ 1 – Les clauses relatives à la durée du contrat

286. Le contrat a une durée de vie qui n'est pas fixée au hasard. Il convient de préciser sa finalité (**A**), avant d'indiquer les précautions à prendre pour la rédaction de cette clause (**B**).

A./La fonction de la clause de durée

287. La clause relative à la durée a plusieurs variantes (**2**), mais il convient d'abord de présenter son intérêt (**1**).

1. L'intérêt de la clause de durée

288. La durée est un élément essentiel du contrat. Il permet de déterminer la période pendant laquelle le contrat sera en vigueur entre les parties. En l'absence de cette clause, l'une ou l'autre des parties pourrait, quand elle le souhaite, résilier unilatéralement le contrat. Et en cas de litige, c'est le juge qui déterminera une durée équitable pour les deux parties.

289. Le contrat peut être conclu pour une durée déterminée ou indéterminée. Dans le cas d'un contrat à durée indéterminée, les parties disposent du droit de résilier unilatéralement le contrat, sous réserve du respect du préavis. Les parties ont intérêt à prévoir ce préavis de résiliation.

La durée du contrat peut également être déterminée, avec stipulation d'une clause de renouvellement. Le renouvellement peut être tacite ou exprès tant que son principe est prévu par un accord exprès des parties, notamment dans le contrat initial. En cas de renouvellement, il s'agit d'un nouveau contrat dont le contenu peut être différent ou non du contrat initial[44].

Mais attention! Lorsqu'un contrat à durée déterminée prévoit son renouvellement par tacite reconduction sans préciser de terme à celui-ci, le nouveau contrat doit être qualifié de contrat à durée indéterminée, susceptible par conséquent d'être résilié à tout moment par l'une des deux parties.

2. Les variantes de la clause de durée

290. La clause de durée peut se présenter sous plusieurs formes : la *clause de prorogation*, la *clause de reconduction* et la *clause de renouvellement*. Il existe une différence fondamentale entre ces différents termes. Prorogation, renouvellement et reconduction ne revêtent pas la même signification.

291. La *clause de prorogation* est celle qui permet aux parties d'insérer dans un contrat conclu pour une durée déterminée la continuation automatique de celui-ci. La prorogation de contrat correspond simplement à l'allongement conventionnel de la durée d'un contrat à durée déterminée. La prorogation doit donc être prévue par avenant, lequel détermine la nouvelle échéance du contrat et, le cas échéant, de nouvelles modalités juridiques.

292. La *reconduction* correspond davantage à un « fait juridique » plutôt qu'à un « acte juridique ». La reconduction intervient en principe lorsque les parties n'ont rien prévu dans le contrat initial et ont poursuivi leurs relations contractuelles au-delà du terme convenu.

---

[44] Le terme « renouvellement » vient du latin *novus* ou *novellus*, c'est-à-dire nouveau.

La clause de reconduction permet de faire naître automatiquement un nouveau contrat entre les parties, lorsque le contrat initial arrive à terme. De même, si les parties continuent d'exécuter un contrat arrivé à terme, on conclut à une reconduction tacite du contrat.

La reconduction donne naissance à un nouveau contrat. Dans ce cas, il n'y a pas établissement d'une nouvelle relation contractuelle, mais « continuation » volontaire de l'application des termes du contrat. Juridiquement, on a un « nouveau contrat » mais pas un « contrat nouveau », car les stipulations du contrat initial perdurant dans le temps.

293. La *clause de renouvellement* permet d'organiser la renégociation d'un contrat dont le terme est proche. La clause de renouvellement donne lieu à un nouveau contrat.

La clause de renouvellement se rapproche de la clause de reconduction, dans la mesure où les deux clauses aboutissent à la naissance d'un nouveau contrat. Toutefois, il existe une différence fondamentale entre les deux clauses. Cette différence concerne le moment où les nouvelles conditions contractuelles vont être décidées. Dans la clause de renouvellement, ces conditions sont décidées au moment de la négociation alors que dans la clause de reconduction, elles sont décidées lors de la conclusion du contrat initial.

B./les conseils et écueils à éviter

294. La durée pendant laquelle les parties sont engagées doit être clairement indiquée, *tant pour les obligations principales que pour les obligations annexes* qui peuvent débuter après que soient terminées les obligations principales. À cet effet, la durée du contrat doit être distinguée de la durée de l'obligation de confidentialité qui perdure souvent bien après l'extinction de la relation contractuelle. Il en est de même de la clause de non-concurrence qui est post-contractuelle. Elle est supposée s'appliquer après la fin du contrat. Elle a donc une durée différente de celle du contrat.

295. Il faut éviter de conférer au contrat une longue durée ainsi qu'une durée illimitée, les engagements illimités étant en principe prohibés. La durée d'un contrat est fixée en fonction de l'objet du contrat.

Dans un contrat de maintenance, par exemple, la durée du contrat ne doit pas être supérieure à celle du matériel à maintenir. Elle doit être proportionnelle à la durée de l'amortissement du matériel à maintenir, à défaut on risque d'avoir un contrat de maintenance pour un matériel obsolète qui n'est plus utilisé.

Par ailleurs, plus la durée est longue, plus la durée du préavis augmente en cas de rupture du contrat. Une relation contractuelle d'un an n'aura pas la même durée de préavis que celle qui a duré plus de dix ans.

296. En principe, il faut éviter les reconductions tacites. Ce mécanisme permet au contrat d'être reconduit tout seul en l'absence de dénonciation. Ainsi, on peut se trouver réengagé, contre sa volonté, dans un contrat, simplement parce qu'il n'a pas été dénoncé à temps, c'est-à-dire dans les délais impartis. Il est donc préférable, lorsque c'est possible, d'opter pour une durée fixe et déterminée.

Exemple de clause de durée

Article... : Durée

Le présent contrat est conclu pour une durée d'un (01) an, renouvelable par tacite reconduction pour des périodes identiques d'un (01) an, sans que sa durée totale, renouvellement compris, ne puisse excéder trois (3) ans.

Toutefois, chacune des parties pourra y mettre un terme à l'issue de chaque période, y compris la première, sous réserve d'en prévenir l'autre au plus tard trois (3) mois à l'avance par lettre recommandée avec accusé de réception.

La première période d'exécution débute à la date de notification et s'achève au 31 décembre de la même année.

297. Comme on le constate, cette clause est assortie d'une stipulation qui cantonne l'exécution du contrat à l'année civile (du 1er janvier au 31 décembre). Par conséquent, même si la première période commence après le 1er janvier, elle s'achève le 31 décembre.

§ 2 – La loi applicable au contrat

298. En raison de la diversité des législations d'un pays à un autre, il est important, lorsqu'un contrat est conclu, même si les parties ont la même nationalité, de déterminer à quel système juridique il sera rattaché. Il faut déterminer le corps de règles applicables à un contrat (**A**), en veillant éviter certains écueils (**B**).

A./La détermination de la loi applicable

299. Les parties au contrat ont la possibilité de définir le droit applicable à leurs relations contractuelles. En présence d'un choix des parties (**1**), tout comme en l'absence de choix (**2**), il faut déterminer la loi applicable au contrat.

1. La présence d'un choix des parties

300. Dans les pays d'économie libérale, le principe général est que les parties sont libres de choisir la loi applicable à leurs relations contractuelles. Ainsi, lorsque dans le contrat, les parties ont indiqué la loi qui régira leurs relations contractuelles, le contrat sera interprété selon le système juridique indiqué, et ce, quel que soit le lieu de règlement du litige. Par exemple, si un contrat soumis à la loi camerounaise fait l'objet d'un litige au Sénégal, les juges sénégalais devront interpréter le contrat au regard du droit camerounais.

301. La liberté des parties de choisir la loi applicable à leur contrat s'étend à la possibilité de désigner une loi applicable à une partie seulement du contrat. C'est ce que l'on nomme le *dépeçage du contrat.* Il faut cependant dans cette hypothèse veiller à conserver une certaine cohérence[45].

En cas de dépeçage, le choix doit être cohérent. Il doit concerner des éléments du contrat qui peuvent être régis par des lois différentes sans donner lieu à des résultats contradictoires. Si, par exemple, les parties peuvent soumettre une clause d'indexation à une loi différente de celle qui régirait le reste du contrat, elles ne peuvent en revanche décider de faire

[45] P. Lagarde, « Le dépeçage dans le droit international privé des contrats », *Riv. dir. int. priv. e processuale*, 1975. 649.

régir la résolution du contrat par deux lois différentes pour chaque partie.

302. La liberté de choix de la loi applicable au contrat comporte des limites : les règles d'ordre public et les lois de police du pays où va être exécutée la prestation. Le *choix de la loi applicable concerne essentiellement les contrats internationaux*, c'est-à-dire qui comportent un élément d'extranéité. En présence d'un contrat interne, on fera application du droit national, c'est-à-dire du système juridique de l'État dont les sujets et le territoire sont concernés. Ainsi, pour un contrat conclu entre deux Ivoiriens en Côte d'Ivoire, il n'est pas possible d'échapper à la loi ivoirienne en choisissant une autre loi, surtout s'il s'agit des règles d'ordre public.

En outre, lorsque le choix de la loi applicable est effectué, le contrat sera soumis à cette loi. Le choix de cette loi doit figurer expressément dans le contrat.

2. L'absence de choix des parties

303. Il peut arriver que la loi applicable ne soit pas désignée dans le contrat. Dans ce cas, le contrat est, en principe, régi par la loi du pays avec lequel il présente les *liens les plus étroits*, les plus significatifs. La détermination des liens les plus étroits se fait par le principe de la proximité, c'est-à-dire du lieu de la résidence habituelle ou de l'administration centrale pour les personnes morales.

À titre d'exemple, un contrat de vente met à la charge des parties deux obligations principales : celle de fournir la chose convenue (vendeur) et celle de payer le prix (acheteur). L'obligation caractéristique est celle de livraison. La loi applicable à ce contrat sera donc celui du lieu de résidence du vendeur.

304. Dans le cas des contrats ayant pour objet un droit réel immobilier, la loi applicable, à défaut de choix par les parties, est celle du pays où se situe l'immeuble.[46] Pour les contrats de transport de marchandises, la loi applicable est déterminée en fonction du lieu de chargement de la marchandise, du lieu de déchargement de la marchandise ou du lieu de l'établissement de l'expéditeur.

---

[46] Voir la Convention de Rome du 19 juin 1980 sur la loi applicable aux obligations contractuelles.

305. Certains contrats, comme les contrats de consommation ou le contrat de travail, sont régis par des dispositions particulières. Concernant les contrats conclus avec les consommateurs, l'existence d'une clause expresse de choix de la loi applicable dispense de consulter d'autres éléments ; ce choix prévaut. Toutefois, ce choix ne doit avoir pour effet de *« priver le consommateur de la protection que lui assurent les dispositions impératives de la loi du pays dans lequel il a sa résidence habituelle »*. À défaut de choix, le contrat de consommation sera régi par la loi du pays où se situe *« la résidence habituelle du consommateur »*.

Pour les contrats de travail, la loi applicable est présumée être celle du pays de l'exécution habituelle du travail. En présence d'un choix des parties, les règles sont les mêmes qu'en matière de contrat de consommation, c'est-à-dire que le choix est valable mais ne peut priver le *« travailleur de la protection que lui assurent les dispositions impératives de la loi qui serait applicable »*.

B./Les conseils et écueils à éviter

306. Dans le choix de la loi applicable au contrat, il faut s'assurer que le choix effectué est pertinent (**1**). Il faut également s'assurer de la conformité du contrat avec les règles d'ordre public (**2**).

1. S'assurer d'un choix pertinent

307. Le droit applicable est souvent négocié en dernier lieu alors que tous les engagements dépendent du droit applicable. Il est préférable de choisir un droit qui est assez proche du système juridique (Civiliste pour les francophones, Common Law pour les anglophones) que l'on connaît. Dans tous les cas, il faut éviter de s'aventurer dans un droit dont on ne maîtrise pas les subtilités. Par conséquent, le négociateur international doit inventorier les diverses règles juridiques applicables à son contrat en établissant avec soin leur hiérarchie, qu'il s'agisse de règles nationales ou internationales.

308. Le choix de la loi applicable doit être pertinent. Même si le principe de l'autonomie de la volonté préside au choix de la loi applicable, il faut faire attention aux rattachements rapides. Le choix du système juridique applicable au contrat doit se faire de façon minutieuse. Par exemple : l'obligation de moyen en droit français aura une signification précise au regard de la charge de la preuve de la faute du débiteur, alors qu'en droit anglais elle n'aura aucune conséquence juridique au regard de la charge de la preuve.

309. Enfin, lorsque le choix de la loi applicable porte sur un droit étranger, il est préférable de choisir une juridiction du même pays. En cas de différend, le risque que le juge national saisi se déclare incompétent pour juger le litige sur la base d'un droit étranger n'est pas à exclure. En effet, il peut arguer du fait qu'il ne voudra pas appliquer ou interpréter une loi qu'il ne connaît pas. Il faut donc veiller à mettre en cohérence la clause de la loi applicable avec la clause attributive de juridiction.

2. S'assurer de la conformité du contrat aux règles d'ordre public

310. La liberté contractuelle ne permet pas de se soustraire à des règles d'ordre public.[47] Il faut avoir à l'esprit que la détermination de la loi applicable au contrat est limitée par l'application des lois de police et des dispositions d'ordre public international, étant rappelé qu'en tout état de cause les dispositions de protection du consommateur s'imposent. Ce sont des dispositions qui, dans le contexte sociojuridique d'un pays donné, sont considérées d'une importance telle qu'elles se superposent automatiquement à toute disposition contraire du contrat et quelle que soit la loi à laquelle celui-ci est soumis.

Par conséquent, la détermination de la loi applicable au contrat ne peut avoir pour effet de priver le consommateur de la protection que lui assurent les dispositions impératives de la loi du pays dans lequel il réside habituellement. Il faut y être particulièrement attentif surtout lorsque l'une des parties est une personne physique.

§ 3 – Les clauses de responsabilité

311. Les parties contractantes peuvent, en vertu du principe de la liberté contractuelle, décider de substituer aux règles légales des règles conventionnelles qui auront vocation à

[47] Voir not. : – Burkina Faso : art. 1102 du Code civil. – Cameroun : art. 1102 du Code civil. – Comores : art. 6 du Code civil. – Côte d'Ivoire : art. 1102 du Code civil. – France : art. 1102 du Code civil. – Guinée : art. 12 du Code civil. – Mali : art. 62 du Code des obligations.– Sénégal : art. 42 du COCC.

s'appliquer en cas d'inexécution de leurs obligations contractuelles. Cette substitution s'opère à travers des clauses de limitation ou d'exonération de responsabilité, dont il convient d'en préciser l'intérêt (**A**), avant d'envisager les écueils à éviter dans la rédaction desdits contrats (**B**).

A./L'intérêt de la clause de responsabilité

312. Les clauses de responsabilité, ou plus exactement les clauses d'exclusion ou de limitation de responsabilité figurent en bonne place dans certains contrats. Elles ont pour objet d'exclure ou de limiter tout ou partie des responsabilités d'une partie à un contrat. Par conséquent, lorsque les parties ne souhaitent pas limiter leur responsabilité, il est inutile de la prévoir. En cas de problème, le droit commun s'appliquera.

313. La clause de responsabilité permet d'indiquer qui est responsable de quoi, avec les conséquences qui en découlent. Elle s'attache, en cas de mauvaise exécution ou d'inexécution des prestations objet du contrat par une partie, à préciser :

- les préjudices exclus du champ possible de la réparation ;
- le montant maximum de dommages et intérêts susceptibles d´être alloués en guise de réparation du préjudice subi ;
- la durée pendant laquelle la responsabilité peut être invoquée ou, plus généralement, les conditions dans lesquelles la responsabilité du débiteur peut être mise en cause.

314. La clause de responsabilité *peut être renforcée par une clause d'assurance*. Contracter, c'est prendre des risques qu'il faut partager entre les parties et éventuellement assurer. Cette clause permet à l'une ou l'autre des parties au contrat de s'assurer contre un risque spécifique.

Elle est complémentaire à la clause de responsabilité. Elle permet, notamment, de préciser le niveau de garantie et/ou de franchise en cas de sinistre. Il est donc conseillé de bien évaluer le risque de l'opération avant de souscrire la police.

B./Les conseils et écueils à éviter

315. Dans les relations entre professionnels, ces clauses sont parfaitement valables, sous certaines conditions.

D'abord, elles *doivent être connues et acceptées* par la partie à laquelle elles sont opposées. À cet effet, les clauses limitatives de responsabilité ne sont opposables par un fournisseur à un client, que si celui-ci les a acceptées, même tacitement. Cette clause peut figurer sur un bon de commande ou un devis.

Ensuite, la clause de responsabilité *ne peut servir à exonérer le débiteur en cas d'inexécution due à son dol* (manœuvre frauduleuse destinée à tromper l'autre partie) ou à sa faute lourde. Ainsi, le fait générateur du préjudice ne doit pas découler d'une faute lourde du débiteur (en l´occurrence du prestataire), auquel cas la clause sera écartée par le juge.

Enfin, la clause de responsabilité *ne doit pas porter sur les obligations essentielles du contrat.* Ainsi, une société de transport rapide, qui s'engage à livrer vos colis en un temps imparti, ne peut pas valablement limiter sa responsabilité en cas de non-livraison dans ce délai. Cette limitation porte sur l'engagement essentiel du transporteur : sa célérité[48].

Attention ! Il existe des règles d'ordre public auxquelles les clauses d'exclusion ou de limitation de responsabilité ne peuvent y déroger. À cet effet, les parties doivent s'assurer, en consultant notamment leur législation, que les clauses qu'elles ont adoptées ne sont pas contraires à ces règles d'ordre public.

316. La limitation de responsabilité concerne les parties au contrat. On ne peut pas limiter sa responsabilité envers un tiers qui n'est pas partie au contrat.

317. La clause de responsabilité peut être rédigée de plusieurs manières. On peut limiter sa responsabilité à un montant déterminé ou déterminable. Ce montant doit être raisonnable par rapport au prix du contrat. À défaut, elle peut être revue par le juge en cas de litige.

318. Lorsque la clause de responsabilité est complétée par une clause d'assurance, il est recommandé de bien se renseigner sur le contenu de la police d'assurance au moment de sa souscription. En effet, suivant les types de sinistres, les polices contiennent souvent des exclusions ou des sous-limites. Certaines polices excluent, par exemple, la garantie en cas de

---

[48] Cass. Com., 22 octobre 1996, *Arrêt Chronopost,* D. 1997, jurispr. p. 121, note A. Sériaux ; RTD civ. 1997, p. 418, obs. J. Mestre. L'affaire *Chronopost* est très célèbre. Elle a donné lieu à trois arrêts, donc l'arrêt du 22 octobre 1996. Dans cet arrêt, la Cour de cassation française a affirmé que : « spécialiste du transport rapide garantissant la fiabilité et la célérité de son service, la société Chronopost s'était engagée à livrer les plis de la société Banchereau dans un délai déterminé, et qu'*en raison du manquement à cette obligation essentielle la clause limitative de responsabilité du contrat, qui contredisait la portée de l'engagement pris, devait être réputée non écrite* ».

faute intentionnelle. Par ailleurs, il est conseillé de bien évaluer le risque de l'opération avant de souscrire la police.

Exemples de clauses de responsabilité et assurances

Exemple 1

Article... : Responsabilité

Le Prestataire est responsable, tant en vertu du droit commun que de ses engagements contractuels, des dommages de toute nature dont lui-même, ses préposés, la société..., les personnels et occupants de la société....... ou des tiers pourraient être victimes ou que leurs biens pourraient subir, à l'occasion de l'exécution du contrat.

Toutefois, concernant les équipements achetés au titre du contrat, la société .... assume la responsabilité du dépositaire entre la livraison et l'admission des équipements. Cette responsabilité cesse, en cas d'ajournement ou de rejet, à partir de la reprise par le client des prestations ajournées ou rejetées.

Exemple 2

Article... : Responsabilité[49]

Le prestataire ne sera responsable vis-à-vis de la société... que des dommages qui résultent directement de l'exécution, de la mauvaise exécution ou de l'inexécution de ses obligations, étant entendu qu'en tout état de cause, le total cumulé des dommages et intérêts susceptibles d'être dus par le prestataire dans le cadre du Contrat n'excédera pas cent pour cent (100 %) du montant total effectivement versé par la société... au prestataire au titre du Contrat.

En aucun cas le prestataire ne sera responsable de dommages indirects, y compris — mais sans que soit limitée

[49] Cette clause, extraite d'un contrat de maintenance, est très défavorable au client, c'est-à-dire à la société qui bénéficie des prestations de maintenance.

la généralité de ce qui précède — le gain manqué et la perte d'exploitation, même si le prestataire a été avisé de la possibilité de tels dommages. La société... indemnisera le prestataire de tout montant ou condamnation que ce dernier serait amené à verser à tout tiers pour un montant supérieur à cette limite de responsabilité, en relation avec l'exécution du Contrat.

Exemple de clause d'assurances

Article... : Assurances

Le Prestataire doit produire et maintenir en cours de validité les polices d'assurances nécessaires afin de couvrir, pour un montant suffisant, les risques et responsabilités lui incombant tant en vertu du droit commun que de ses engagements contractuels. Les assurances sont maintenues jusqu'à complète exécution des prestations et pendant les opérations de vérification.

À ce titre, le Prestataire doit produire, avant tout commencement d'exécution, une attestation de son assureur indiquant la nature, le montant et la durée des garanties souscrites, les activités, la nature des prestations ou missions garanties.

En tout état de cause, la garantie doit être suffisante et celle concernant les dommages corporels sans limitation de somme.

En cas d'insuffisance du montant de la garantie, le Client se réserve le droit de demander au Prestataire de la porter à un montant plus élevé, sans que celui-ci puisse prétendre revenir sur les prix fixés par le contrat.

Le Prestataire s'engage à informer expressément le Client de toute modification de son contrat d'assurance.

Si le Prestataire contrevient à ces prescriptions, le Client peut contracter en son lieu et place, deux semaines après une mise en demeure restée sans résultat, les polices d'assurances nécessaires tel que prévu par le contrat. Le coût de celles-ci est alors retenu sur les sommes dues au Client au titre du contrat.

Le Prestataire doit également être assuré contre :

- les dommages causés par ses véhicules ou ceux loués qu'il utilise pour l'exécution du contrat (sur voies publiques ou en propriétés privées), conformément aux dispositions légales en vigueur ;

- les dommages causés par ses engins de chantier ou ceux loués, fixes ou mobiles, qu'il utilise pour la réalisation des prestations.

§ 4 – Les clauses destinées à intensifier ou à unifier les obligations contractuelles

319. Il est possible d'affiner certains contrats en y ajoutant des clauses spécifiques. Parmi ces clauses qui varient en fonction de la nature du contrat dont la signature est envisagée, on peut citer : les clauses de réserve de propriété (**A**), les clauses d'intégralité et de divisibilité (**B**) et les clauses de cession et référencement (**C**).

A./Les clauses de réserve de propriété

320. Les parties peuvent insérer dans un contrat de vente une clause leur réservant la propriété du bien vendu jusqu'à son paiement intégral par l'acheteur. Il convient de préciser la fonction de cette clause (**1**) et les précautions à observer lors de sa rédaction (**2**).

1. La fonction de la clause

321. La clause de réserve de propriété offre une protection efficace contre les risques d'insolvabilité des clients, souvent aggravés par des délais de paiement très longs. Elle permet de *retarder le transfert de propriété.* Dans la pratique, la livraison du bien vendu est souvent effectuée avant que son prix ait été payé en totalité. Il peut alors être utile de prévoir une clause de réserve de propriété qui vous permet de conserver la propriété du bien vendu jusqu'au règlement complet du prix.

322. La clause de réserve de propriété permet un *paiement prioritaire*. En cas de redressement judiciaire ou de liquidation des biens, la clause de réserve de propriété donne la possibilité au vendeur de récupérer son bien impayé en exerçant une action en revendication. L'action en revendication permettra au vendeur d'opposer le bénéfice de la clause de réserve de propriété aux autres créanciers et de reprendre le bien impayé dont il reste propriétaire.

En l'absence d'une clause de réserve de propriété, le vendeur sera obligé, en cas de redressement judiciaire ou de liquidation des biens, de déclarer sa créance comme un créancier ordinaire, avec peu de chance de recouvrer celle-ci. Or, en présence de cette clause, son statut sera amélioré. Il passera du statut de créancier chirographaire à celui, beaucoup plus protecteur, de propriétaire.

323. La clause de réserve de propriété peut servir d'*instrument de crédit*. Le vendeur peut obtenir, plus facilement, un crédit d'une banque en lui cédant la créance qu'il a sur son client si le contrat de vente est assorti d'une clause de réserve de propriété.

2. Les conseils et écueils à éviter

324. La clause de réserve de propriété peut être utilisée dans les contrats de fournitures, de marchandises de toutes sortes, sans distinction entre les biens corporels (marchandises, outillage) ou incorporels (marques, logiciels), mobiliers ou immobiliers. Le domaine de cette clause a été considérablement étendu par la jurisprudence[50].

325. La revendication d'un bien vendu avec une clause de réserve de propriété n'est possible que si *deux conditions sont réunies*, l'une tenant à la clause, l'autre au bien revendiqué.

---

[50] Le législateur ne traitant explicitement que de la vente de biens meubles, la question de la validité de la clause de réserve de propriété dans le cadre d'une vente d'immeuble a fait l'objet de discussions doctrinales. Un arrêt rendu par la Cour de cassation française en 1996 semble avoir mis fin à la controverse, en reconnaissant qu'un vendeur d'immeubles qui avait inséré une clause de réserve de propriété dans l'acte de vente de son immeuble ne perdait pas son droit de propriété, même en cas d'absence de déclaration de créance de la fraction du prix restée impayée (Cass. com. 9 janv. 1996, n° 93-1266).

326. La clause de réserve de propriété doit avoir été convenue entre le vendeur et l'acheteur par écrit au plus tard au moment de la livraison. Elle peut être inscrite dans un contrat de vente, un devis, un bon de livraison, une facture, au recto ou au verso d'un accusé de réception de la commande ou bien au recto d'une confirmation de commande et d'une facture.

En cas de litige, c'est au fournisseur de prouver l'acceptation du client et les juges se prononcent au vu des circonstances. A cet effet, une clause de réserve de propriété inscrite sur une facture peut s'avérer inopérante, si la facture est reçue après la livraison de la marchandise. Il en est de même lorsque la clause figure sur le bon de livraison, car il n'est pas toujours certain que le client a eu connaissance de celle-ci.

Il peut arriver que le vendeur soit en relation d'affaires régulières avec l'acheteur, dans ce cas, les parties peuvent signer un contrat-cadre initial, dans lequel elles prévoient une fois pour toutes que la clause de réserve de propriété s'applique à toutes les livraisons. Cela évite d'avoir à reproduire obligatoirement la clause de réserve de propriété pour chaque vente.

L'acheteur a également la possibilité de refuser une clause de réserve de propriété. Ce refus doit être exprès. Si la clause figure sur un bon de commande, il lui suffit de rayer la clause et parapher sa rature en marge. Le vendeur qui livre en dépit de cette rature est censé avoir renoncé à la clause de réserve de propriété.

327. La clause de réserve de propriété n'empêche pas le vendeur de *transférer les risques à son client dès la livraison*. En principe, les risques qui sont susceptibles d'entraîner la perte ou la détérioration du bien, s'ils ne sont dus ni à la faute du vendeur ni à celle de l'acheteur, sont à la charge de celui qui est propriétaire au moment où ils surviennent. Les parties sont toutefois libres de dissocier le transfert des risques du transfert de propriété.

328. Les parties peuvent, par exemple, stipuler dans le contrat que les risques sont à la charge de l'acheteur. À cet effet, ils doivent déterminer le moment à partir duquel cette disposition s'applique : à la livraison, dès le transport, dès qu'un bien fongible est individualisé (pour les biens vendus au poids), etc.

Cette précaution permet au vendeur de se protéger en cas de détérioration du bien. Il ne sera pas alors tenu de le remplacer ou de le réparer. Ce qui ne l'empêche pas de réclamer à l'acheteur le paiement complet du prix. Il est d'ailleurs possible d'insérer également dans le contrat une clause obligeant l'acheteur à s'assurer contre ces risques.

Exemple de clause de réserve de propriété *assortie d'un transfert des risques et assurance*

Article ..... : Réserve de propriété

Le vendeur se réserve la propriété des biens vendus jusqu'au paiement complet du prix, en principal et intérêts. En cas de procédure de règlement préventif, de redressement judiciaire ou de liquidation des biens de l'acheteur, la propriété des biens livrés et restés impayés pourra être revendiquée par le vendeur.

À défaut de paiement à l'échéance convenue, le vendeur pourra reprendre les biens vendus, la vente sera résolue de plein droit si bon semble au vendeur et les acomptes déjà versés lui seront acquis en contrepartie de la jouissance des biens vendus dont aura bénéficié l'acheteur.

Les biens vendus resteront la propriété du vendeur jusqu'au paiement intégral de leur prix mais l'acheteur en deviendra responsable dès leur remise matérielle, le transfert en possession entraînant celui des risques. L'acheteur s'engage, en conséquence, à souscrire, dès à présent, un contrat d'assurance garantissant les risques de perte, vol ou destruction des biens vendus.

B./Les clauses d'intégralité et de divisibilité

329. Les clauses d'intégralité (**1**) et de divisibilité (**2**) expriment deux réalités différentes.

1. La clause d'intégralité

330. Encore appelée *clause de quatre coins* ou *clause d'accord complet*, la *clause d'intégralité* a pour objet de sécuriser le périmètre du contrat en prévoyant que les documents qu'ont pu s'échanger les parties au cours des négociations ou même au cours de l'exécution du contrat n'ont pas de valeur contractuelle s'ils n'ont pas été annexés au contrat. Elle a pour but d'exclure l'application de tout autre document de l'accord des parties.

331. La clause d'intégralité balise le champ contractuel. Elle permet d'éviter les interprétations contradictoires, sources de malentendus, qui pourraient naître d'une lecture des divers documents échangés au cours de la négociation et de l'exécution du contrat. Elle restreint l'interprétation du contrat au seul contenu de l'*instrumentum.*

Ainsi, en cas de différend, la juridiction saisie ne peut pas examiner les documents exclus par la clause d'intégralité si, par exemple, le contrat est ambigu ou contradictoire. Toutefois, rien n'empêche le juge de s'inspirer de la phase précontractuelle pour rechercher le sens que les parties ont voulu donner au contrat.

En présence d'une telle clause, chaque partie doit veiller à ce que soient annexés les documents formalisant les obligations de l'autre partie qui ont été échangés dans la phase des pourparlers. Il en est ainsi des spécifications techniques, des soumissions, etc.

332. Pour s'assurer de l'efficacité de la clause d'intégralité, les parties doivent préciser les accords antérieurs concernés. Elles doivent s'assurer de l'exhaustivité de la liste de ces accords. L'emploi d'adverbes comme « *notamment* », de pronom relatif comme « *dont* » ou l'utilisation de certaines expressions ou formules comme « y compris » sont à éviter. Les parties doivent également préciser l'exclusion de tout renvoi à la phase des pourparlers. À défaut, les documents utilisés pendant cette phase peuvent servir à interpréter le contrat finalement conclu.

En conclusion, la clause d'intégralité doit *mentionner expressément que le contrat reprend l'intégralité de l'accord intervenu entre les parties et qu'il remplace et annule toute communication et accord antérieurs relatifs à l'objet du contrat.* Elle sert donc à fixer l'accord des parties.

Exemple de clause d'intégralité

Article... : Intégralité

Le présent contrat et ses annexes forment l'intégralité de l'accord conclu entre les parties quant à son objet.

Ils remplacent et annulent tout autre accord écrit ou verbal antérieur de quelque nature qu'il soit, et en particulier toutes les lettres, propositions, offres et documents échangés avant la signature du présent contrat.

2. La clause de divisibilité

333. La *clause de divisibilité* permet aux parties d'organiser la disparition partielle de certaines clauses du contrat, sans affecter d'autres clauses, souvent importantes, qui survivent et demeurent en vigueur dans leur entièreté. Ainsi, elle permet d'éviter que le juge n'annule tout le contrat en raison de l'invalidité d'une clause non essentielle.

334. La divisibilité peut être *pure et simple* ou *fictive*. La *divisibilité est pure et simple* lorsque le juge saisi peut retrancher les clauses invalides du contrat qu'on entend supprimer, tout en conservant les parties non viciées par l'illégalité. La *divisibilité fictive* est celle qui consiste à donner une interprétation atténuée d'une clause invalide, qui serait applicable, de façon à la rendre légale et applicable. En règle générale, une clause restrictive ne peut pas faire l'objet d'une interprétation atténuée. Les parties doivent avoir cela à l'esprit au moment de la rédaction de la clause de divisibilité.

335. Certains contrats vont plus loin en affirmant que seules les clauses qui n'altèrent pas le contrat intégral peuvent être divisées. Par exemple, dans un contrat de licence, le contrat devrait prendre fin si la suppression d'une clause de ce contrat rend déraisonnable le maintien de la licence.

Ainsi, il est recommandé lorsque le contrat prévoit une clause de divisibilité, de préciser les clauses essentielles qui pourraient en cas d'invalidité entraîner la nullité du contrat. Cette précision a l'avantage d'éviter en cas de saisine du tribunal l'annulation de tout le contrat, en raison de l'invalidité d'une clause non essentielle.

336. La clause de divisibilité, bien que facultative, revêt une importance certaine. Elle permet d'éviter de devoir renégocier la conclusion d'un contrat simplement parce qu'une de ses dispositions serait contraire à la loi.

Exemples de clause de divisibilité

Exemple 1

Article... : Divisibilité

Si l'une des clauses du présent contrat était contraire à une loi d'ordre public nationale ou internationale, seule la clause en question sera annulée, le contrat demeurant valable pour le surplus.

Les parties négocieront de bonne foi la rédaction d'une nouvelle clause destinée à remplacer celle qui était nulle.

Exemple 2

Article... : Divisibilité

Le présent contrat ne devrait pas être considéré uniquement comme un tout indivisible.

Si un tribunal compétent juge que l'une des clauses du présent contrat est nulle, illégale ou non exécutoire à quelque égard que ce soit, l'ensemble des autres clauses du présent contrat demeurent néanmoins en vigueur du moment que la substance économique et la valeur juridique des opérations prévues par celui-ci demeurent conformes à l'intention initiale des parties à la date du présent contrat.

C./Les clauses de cession et de référencement

337. Les clauses de cession (**1**) et de référencement (**2**) figurent souvent en bonne place dans les contrats.

1. La clause de cession

338. En principe, rien ne s'oppose à la cession du contrat. Par conséquent, si l'une des parties veut l'éviter, il faut le mentionner dans le contrat. La *clause de cession* permet de s'assurer que son partenaire sera toujours celui avec lequel on a choisi de contracter.

339. La clause de cession est souvent recommandée lorsque le contrat est conclu *intuitu personae*. Dans ce cas, il faut éviter que son partenaire soit remplacé par une personne dont on n'a pas confiance. La clause autorisation la cession est courante dans les contrats entre sociétés appartenant au même groupe.

340. L'efficacité de la clause de cession dépend de sa rédaction. Lorsque les parties conviennent d'une cession, elles doivent indiquer son champ d'application. En effet, une cession peut porter non seulement sur le contrat, mais également sur les droits, les avantages et les obligations du cédant au titre du contrat. Par conséquent, si des restrictions sont à faire, il faut les préciser.

De même, il faut *éviter des présomptions*. Si les parties décident de la possibilité d'une cession du contrat, elles doivent mentionner à qui la cession peut se faire. En effet, si on appartient à un groupe de sociétés, on peut avoir intérêt à exclure toute cession en dehors des sociétés du groupe.

Enfin, il faut préciser si la cession libère le cédant, car il ne faut pas confondre cession et novation. Pour que la cession du contrat emporte la libération entière du débiteur, il faut en principe le consentement de l'autre partie.

Exemple de clause de cession

Article ... : Cession – Intuitu personae

Le présent contrat est conclu *intuitu personae*. Cette stipulation doit être considérée comme une disposition essentielle du contrat.

En conséquence, aucune des parties n'a le droit de céder et/ou de transférer le présent contrat et/ou les droits et obligations qui en découlent à un ou des tiers, même pour partie, sans l'accord écrit et préalable de l'autre partie.

2. La clause de référencement

341. En dehors des clauses habituelles que l'on trouve dans les contrats, les parties peuvent aussi prévoir une *clause de référencement*. Le référencement est l'action de référencer, c'est-à-dire mentionner quelque chose ou y faire référence.

342. Il arrive que les parties ne souhaitent pas faire savoir qu'elles ont contracté entre elles, et il peut alors être stipulé une clause de confidentialité du contrat, voire de l'affaire conclue.

Néanmoins, dans bien des cas, surtout si la prestation est satisfaisante, le prestataire pourra désirer faire état du fait d'avoir travaillé pour le client. Il sera utile qu'une clause le permette clairement, que le client accepte que le prestataire puisse faire figurer parmi ses références les travaux accomplis dans le cadre du contrat.

343. La clause de référencement peut prendre plusieurs formes, tout dépend de l'objectif recherché par les parties.

Exemples de clause de référencement

Exemple 1

Article... : Référencement

D'une manière générale, les Parties conviennent d'obtenir l'accord préalable écrit de l'autre partie avant la publication de texte faisant mention ou référence au présent contrat.

Exemple 2

Article... : Référencement

Le Client accepte que le Prestataire puisse faire figurer parmi ses références les travaux accomplis dans le cadre du présent contrat.

SECTION 4 : LES CLAUSES RELATIVES À LA MODIFICATION DU CONTRAT

344. Le contrat tient lieu de loi entre ceux qui l'ont fait. Par conséquent, il ne peut être modifié unilatéralement. Or, certaines circonstances qu'il était difficile de prévoir lors de la conclusion du contrat peuvent empêcher une exécution conforme aux souhaits exprimés par les parties, spécialement pour les contrats à exécution successive. Face à cette imprévision, les parties ont intérêt à se prémunir. Plusieurs clauses sont utilisées pour encadrer la modification du contrat : les clauses d'adaptation (**§ 1**), les clauses de substitution (**§ 2**) et les clauses de stabilité et d'intangibilité (**§ 3**).

§ 1 – Les clauses d'adaptation

345. Les modifications peuvent intervenir pour adapter le contrat. On distingue les clauses d'adaptation automatique qui se mettent en œuvre d'elles-mêmes sans nécessité d'une intervention des contractants (**A**) et les clauses d'adaptation non automatique dont la mise en œuvre nécessite l'intervention des parties (**B**).

A./Les clauses d'adaptation automatique

346. Parmi les clauses d'adaptation automatique, on peut citer la clause d'indexation[51], la clause du client le plus favorisé (**1**) et la clause anglaise (**2**).

1. La clause du client le plus favorisé

347. La clause du client le plus favorisé, dont il convient de présenter l'objet et l'utilité (**a**), doit être rédigée avec précaution sous peine de nullité (**b**).

a) L'objet et l'utilité de la clause

348. *La clause du client le plus favorisé* permet à un client de bénéficier automatiquement des avantages octroyés à ses concurrents. Cette clause d'adaptation semi-automatique est encore connue sous le nom de clause *pari passu* ou clause de

---

[51] Voir supra n° 209.

traitement égal. Elle appartient à la catégorie des clauses d'alignement ou d'adaptation.

349. La clause du client le plus favorisé ne doit pas être confondue avec la clause d'indexation. Ici *l'adaptation n'est pas automatique*, elle est subordonnée à la proposition par le fournisseur d'un prix plus intéressant. Cette clause se rapproche également de la clause anglaise.

350. De manière générale, la clause du client le plus favorisé porte sur les prix. Elle permet de fixer ses prix au même niveau que ceux offerts aux tiers. Elle fait profiter à son bénéficiaire les meilleures conditions contractuelles. Par cette clause, l'autre partie contractante s'engage envers le bénéficiaire, au cas où il venait à conclure un contrat de même nature avec un tiers et à un prix avantageux, *à lui faire bénéficier automatiquement de ce prix.*

b) Les conseils et écueils à éviter

351. L'efficacité de la clause du client le plus favorisé passe bien souvent par une rédaction élaborée, afin de permettre sa mise en œuvre concrète. En effet, plusieurs législations interdisent, sous peine de nullité, les pratiques restrictives de concurrence. Or, la clause du client le plus favorisé est de nature à restreindre le jeu de la concurrence sur le marché en favorisant une hausse artificielle des prix au détriment de leur libre fixation par le jeu du marché.

352. La clause du client le plus favorisé présente *deux inconvénients majeurs*. Elle n'est pas de nature à inciter les fournisseurs à baisser leurs prix, car toute baisse s'étendrait immédiatement aux autres clients. Aussi, elle permet au client qui en bénéficie d'obtenir une précieuse information sur le niveau des prix offerts à ses concurrents.

Sous ce rapport, pour éviter que la clause ne soit frappée de nullité, les parties ont intérêt à veiller à sa rédaction. Il faut, notamment, veiller à ce que la *clause n'entraîne pas un ajustement automatique des prix.* Elle doit prévoir la faculté de résiliation. De même, le client considéré comme le plus favorisé ne doit pas être un concurrent du créancier de la clause. En principe, si ces précautions sont observées, la clause n'encourt pas la nullité. Dans tous les cas, il ne faut pas hésiter, pour plus de sécurité, de prévoir une possibilité de sortie du contrat.

2. La clause anglaise

353. La clause anglaise est une clause d'alignement, dont il convient de présenter l'objet (**a**) et l'utilité (**b**).

a) L'objet de la clause anglaise

354. Encore appelée, *clause de l'offre concurrente,* la clause anglaise permet à l'acquéreur de demander au vendeur d'aligner son prix sur celui de son concurrent. Elle permet à une partie au contrat de faire valoir à son cocontractant les conditions avantageuses pratiquées par un concurrent pour un même bien ou service que celui visé par le contrat.

355. La clause anglaise est un meilleur moyen pour adapter le prix du contrat. Elle offre plusieurs alternatives aux contractants. Elle peut obliger le cocontractant à s'aligner sur le prix proposé par le concurrent.

Cette clause peut aussi offrir le choix au contractant, en prévoyant toutefois qu'en cas de refus, le bénéficiaire pourra conclure avec le tiers. Elle se rapproche de la clause du client le plus favorisé, *à la différence que dans sa mise en œuvre, il revient au bénéficiaire de la clause d'informer son partenaire de l'existence d'une offre plus avantageuse.*

b) L'utilité de la clause anglaise

356. La clause anglaise est beaucoup plus utilisée dans les contrats de vente, afin de déterminer le prix. Dès la conclusion du contrat, les parties peuvent déterminer le prix de vente qui pourra être adapté au cours de la relation contractuelle. L'adaptation du prix se fera par l'alignement du vendeur sur le prix le plus compétitif proposé par le concurrent.

357. L'utilité de la clause anglaise est évidente, surtout lorsque les relations contractuelles doivent durer. Elle permet un ajustement automatique du prix sur l'offre concurrente. Elle est, en principe, simple à mettre en œuvre car les prix des concurrents sont souvent publics.[52]

Toutefois, elle peut se révéler inefficace, car *l'alignement des prix s'applique pour des produits identiques ou similaires vendus*

---

[52] Par cette clause, les parties peuvent aussi prévoir la renégociation du contrat, et en cas d'échec sa rupture.

aux mêmes clients. Aussi, on peut avoir la situation d'une entreprise qui pratique des prix dans un contexte de faillite.

B./Les clauses d'adaptation non automatique

358. Les clauses d'adaptation non automatique permettent de modifier les conditions d'exécution d'un contrat en cas de survenance d'un événement contractuellement prévu. Parmi ces clauses, la clause de *hardship*, dont il convient de préciser l'intérêt (**1**) et les règles de rédaction (**2**), retient l'attention.

1. L'intérêt de la clause de *hardship*

359. Littéralement, le terme « *hardship* » désigne une épreuve, une difficulté, une privation, une rigueur. La clause hardship permet aux parties de demander un réaménagement du contrat qui les lie si un changement de circonstances économiques intervenu dans les données initiales au regard desquelles elles s'étaient engagées vient à modifier l'équilibre de ce contrat au point de faire subir à l'une d'elles une rigueur injuste. Elle permet de pallier ce déséquilibre, en les obligeant à renégocier leur contrat si *des changements de circonstances imprévisibles et postérieurs au contrat ont rendu son exécution onéreuse pour l'une des parties.*

360. La clause de *hardship* a pour principal objectif de permettre la continuité des relations contractuelles. Il faut éviter la résiliation du contrat. Il faut sauver la relation contractuelle. À cet effet, elle vise à régler les conséquences économiques qui se traduisent par un bouleversement de l'équilibre du contrat.

361. Les événements à l'origine du bouleversement de l'équilibre du contrat peuvent être d'ordre économique, social, politique, technique, etc. Ce sont des événements inévitables et imprévisibles au moment de la conclusion du contrat qui font que le contrat ne présente plus grand intérêt pour l'une des parties, notamment parce qu'elle a subi un préjudice substantiel, disproportionné, injuste ou inéquitable.

Dans cette situation, la clause de *hardship* permet à la partie lésée de demander une réouverture des négociations et une réadaptation du contrat ; l'obligation d'exécuter un contrat ne doit pas conduire à un suicide économique. Accessoirement, elle peut demander la résiliation du contrat.

362. Contrairement à la force majeure qui empêche l'exécution du contrat, ne serait-ce que temporairement, en cas de *hardship*, l'exécution du contrat demeure possible. Elle est simplement plus onéreuse.

Aussi, la clause de *hardship* doit être distinguée de la clause de sauvegarde.[53] La clause de sauvegarde n'a pas pour objectif de mettre une obligation de renégociation du contrat à la charge des parties, mais de permettre au contractant victime d'un déséquilibre de résilier le contrat sans risquer d'engager sa responsabilité par cette décision. Il existe donc une différence entre ces deux clauses, même si elle est légère.

2. Les conseils et écueils à éviter

363. La clause de *hardship* doit être rédigée de façon méticuleuse, car il s'agit d'une clause particulièrement sensible. L'avantage de cette clause, c'est de maintenir l'équilibre général du contrat, pendant toute sa durée, dans un souci réciproque de prise en compte des intérêts des parties. Mais cet avantage peut très vite devenir un inconvénient dans certains domaines, comme celui de l'informatique, dans lesquelles les choses évoluent très vite et où l'équilibre d'aujourd'hui n'est pas nécessairement l'équilibre de demain.

364. L'intérêt de la clause de *hardship* n'est plus à démontrer. Toutefois, afin de garantir son efficacité, les parties doivent prévoir les modalités de sa mise en œuvre. Il s'agit d'une clause particulièrement sensible.

À cet effet, elles veilleront, notamment, à :

- déterminer les circonstances dans lesquelles la clause pourra être invoquée (une révolution technologique, une guerre, une décision politique...), en insistant sur le caractère imprévisible de celles-ci ;
- prévoir les modalités de rééquilibrage du contrat (recherche de la solution la plus adaptée pour faire disparaître le déséquilibre constaté, en procédant si nécessaire à un amendement de certaines dispositions du contrat) ;
- préciser le sort du contrat pendant la période de sa réadaptation (suspension de l'exécution de la convention !) ;

53 H. LEMAIRE et A. MAURIN, « Droit français et principes du droit européen du contrat », Petites affiches, 7 mai 2004 n° 92, p. 38.

- prévoir les solutions à adopter en cas d'échec de la concertation des parties pour rééquilibrer le contrat (résiliation du contrat ou recours à un tiers choisi d'un commun accord ou désigné par voie judiciaire) ;
- préciser les modalités financières de l'éventuelle conciliation (partage des frais d'honoraires du conciliateur).

Exemple de clause de hardship

Article... : Hardship

Les parties sont tenues de remplir leurs obligations, quand bien même l'exécution en serait devenue plus onéreuse, sous réserve des dispositions qui suivent.

En cas de circonstances exceptionnelles ou *hardship*, les parties se réservent la possibilité de procéder à une révision du prix, et plus largement à une adaptation du contrat en vue de préserver ou rétablir l'équilibre des prestations respectives des deux parties.

Il y a *hardship* lorsque surviennent des événements qui altèrent fondamentalement l'équilibre des prestations, soit que le coût de l'exécution des obligations ait augmenté, soit que la valeur de la contre-prestation ait diminué, et :

- que ces événements sont survenus ou ont été connus de la partie lésée, après la conclusion du contrat ;
- que la partie lésée n'a pu, lors de la formation du contrat, raisonnablement prendre de tels événements en considération ;
- que ces événements échappent au contrôle de la partie lésée ; et
- que le risque de ces événements n'a pas été assumé par la partie lésée.

Sans que cette liste soit limitative, il faut entendre par *hardship* : tous faits qui pourraient mettre en péril la bonne fin du marché ; le bouleversement du système monétaire international actuel ; l'application de nouveaux droits d'importation ou d'exportation ; des variations très importantes dans la conjoncture ou des modifications notables dans les conditions économiques ; les modifications de charges de toutes natures, les hausses du prix des matières premières ou autres causes conduisant à une aggravation importante des coûts de fabrication ; plus largement, tout fait de nature à bouleverser l'économie du contrat.

En cas de *hardship*, la partie lésée peut demander l'ouverture de renégociations. La demande doit être faite sans retard indu et motivée. La demande ne donne pas par elle-même à la partie lésée le droit de suspendre l'exécution de ses obligations. Faute d'accord entre les parties dans un délai raisonnable, la plus diligente des deux peut saisir la juridiction compétente. La juridiction qui conclut à l'existence d'un cas de *hardship* devra adapter le contrat en vue de rétablir l'équilibre des prestations, ou, si cela s'avère impossible, mettre fin au contrat à la date et aux conditions qu'elle fixera.

§ 2 – Les clauses de substitution

365. La clause de substitution *renvoie au changement d'une partie au contrat*. Il peut s'agir d'une substitution de contractant (**A**) ou d'une adjonction de contractant (**B**).

A./La substitution de contractant

366. La clause de substitution de contractant *est un mécanisme juridique qui permet à l'un des cocontractants de se désister au profit d'un tiers qui deviendra partie au contrat.* Il convient de présenter les conditions de validité de la clause de substitution de contractant (**1**) et ses effets (**2**).

1. Les conditions de validité de la clause

367. La substitution est l'opération par laquelle une partie au contrat, le *cédant*, convient de céder à un partenaire qui jusqu'alors était tiers au contrat, le *cessionnaire*, l'ensemble des droits et obligations qu'il tire d'un contrat précédemment conclu avec un partenaire initial, le *cédé*. Les conditions de validité varient en fonction du type de substitution, substitution d'une personne physique ou substitution d'une personne morale.

368. La substitution peut être due à la disparition de l'une des parties au contrat, décès d'une personne par exemple. À cet effet, les parties peuvent prévoir dans le contrat une clause de substitution en cas de décès dans un contrat entre personnes physiques. Cela est valable également en ce qui concerne les personnes morales lorsqu'il y a, par exemple, absorption d'une société par une autre. Les parties peuvent avoir intérêt à éviter cette substitution à travers une clause qui l'interdit.

369. La substitution peut s'opérer par transfert. Il en est ainsi lorsque l'une des parties veut céder sa place dans le contrat. En l'absence de clause prévoyant cette opération, *il faut s'en référer aux dispositions légales. Même en présence de clause, il faut s'assurer que l'opération est possible.*

370. En pratique, on rencontre la clause de substitution essentiellement dans les promesses de vente d'immeubles, bref dans les avant-contrats. Cette clause permettra à l'acquéreur de substituer une autre personne à la vente. Ainsi, cette clause peut s'avérer utile lorsque l'acquéreur envisage, par exemple, de créer une société pour conclure le contrat définitif.

2. Les effets de la clause

371. Les effets de la clause diffèrent, suivant que les obligations sont nées avant ou après la substitution. Dans le principe, la substitution doit intervenir avant la signature de l'acte définitif de cession. Dans le cas contraire, c'est le signataire de l'avant-contrat, c'est-à-dire l'acquéreur initial qui sera dans l'obligation d'acheter le bien, étant entendu qu'il pourra néanmoins le céder par la suite à un tiers.

372. La personne substituée se trouve dans la même position que l'acquéreur initial. Il est donc tenu par les termes initiaux de l'avant-contrat. Tout lui est opposable au même titre qu'à l'acquéreur initial lors de la conclusion de l'avant-contrat. Le tiers substitué n'a pas le droit et ne peut pas changer les conditions de l'avant-contrat.

373. Après substitution, le signataire, c'est-à-dire le *substitué*, devrait être en principe seul tenu. Sauf clause contraire, le *substituant* devrait donc être libéré.

Toutefois, il faut que le substitué y consente pour que le substituant soit libéré. À défaut, il sera solidaire du paiement du prix et de l'exécution de l'ensemble des conditions prévues dans l'avant-contrat. Par contre, en transférant l'ensemble de ses droits, le substituant perd la faculté de se rétracter qui devient un droit exclusif du substitué.

B./L'adjonction de contractant

374. L'adjonction *permet à l'une ou l'autre des parties au contrat de recourir aux services d'un tiers dans le cadre de l'exécution du contrat.* Il peut s'agir d'un cocontractant (**1**) ou d'un sous-contractant (**2**).

1. L'adjonction d'un cocontractant

375. L'adjonction d'un cocontractant équivaut, en réalité, à la *cotraitance.* Pour candidater à certains appels d'offres, des entreprises qui ne disposent pas de moyens suffisants peuvent s'associer à d'autres pour soumissionner.

376. La cotraitance *est l'opération à travers laquelle une entreprise associe sa candidature à celles d'autres sociétés pour répondre à un appel d'offre*s. Cet appel d'offres peut intervenir dans le cadre d'un marché privé ou public. S'il n'existe pas de règles spécifiques pour les marchés privés, tel n'est pas le cas pour les marchés publics dont les procédures sont fixées par le Code des marchés publics.

377. L'adjonction de cocontractant peut intervenir dans un contrat-cadre qui précède la conclusion du contrat principal. Cette clause va définir le cadre de l'intervention des entreprises avec leur client.

378. Lorsque l'adjonction de cocontractant se fait en passant par un contrat de cotraitance, celui-ci peut être conclu sous diverses formes. Les cocontractants peuvent opter pour une cotraitance solidaire ou conjointe.

La *cotraitance est solidaire* lorsque chacune des entreprises est engagée financièrement pour la totalité du contrat et doit pallier une éventuelle défaillance d'un ou plusieurs membres du groupement. Cette option qui semble plus sécurisante se retrouve dans la plupart de contrats.

La *cotraitance est conjointe* lorsque chacune des entreprises n'est engagée que pour la partie du contrat qui est susceptible de lui être attribuée. Une solution intermédiaire peut être trouvée, celle où l'entreprise mandataire (*tête de fil*) est responsable de l'ensemble de l'intégralité du contrat.

2. L'adjonction d'un sous-contractant

379. L'adjonction d'un sous-contractant *renvoie au cas où une partie au contrat va contracter avec une autre pour l'associer à l'exécution du contrat.* Il s'agit en réalité d'une *sous-traitance.*

380. La clause de sous-traitance a pour objet de fixer les conditions d'une éventuelle sous-traitance des obligations par l'une ou l'autre des parties au contrat. Par cette clause, les parties déterminent si l'une d'elles peut avoir recours à des sous-traitants et la procédure d'approbation du sous-traitant ou sous-contractant.

381. En général, le législateur protège le sous-contractant d'une action directe contre le maître d'ouvrage. À cet égard, le maître d'ouvrage peut voir sa responsabilité engagée, par exemple, lorsque l'entrepreneur principal n'a pas payé le sous-traitant.

Exemple de clause de sous-traitance

Article ..... : Sous-traitance

Le Prestataire ne pourra en aucun cas confier à des sous-traitants l'exécution de tout ou partie de la Prestation, sauf accord préalable de Monsieur X. Dans ce cas, le Prestataire devra recueillir auprès de Monsieur X par écrit l'acceptation du ou des sous-traitants ainsi que l'agrément de leurs conditions de paiement.

§ 3 – Les clauses de stabilisation et d'intangibilité

382. La sécurité juridique de certains contrats dépend souvent de la stabilité politique du pays dans lequel s'exécute le contrat. Ce risque peut être maîtrisé en ayant recours aux clauses de stabilisation (**A**) et d'intangibilité (**B**).

A/La clause de stabilisation

383. En dépit de la récession économique notée au cours des dernières années, les marchés publics représentent toujours une part non négligeable dans le produit national brut des pays de l'espace OHADA. En outre, les États ainsi que leurs démembrements consentent, de plus en plus, à passer des conventions avec des personnes morales de droit privé. Il en est ainsi des accords de développement économique, d'investissement, des contrats de concession pétrolière, etc.

Or, en tant que puissance publique, l'État dispose des prérogatives exorbitantes de droit commun qui lui permettent de modifier unilatéralement les accords passés. Le partenaire privé ou étranger a donc intérêt à se protéger contre ce risque découlant du caractère public de son cocontractant.

384. Les clauses de stabilisation et d'intangibilité, encore appelées clauses de protection, permettent de minimiser ces risques, en évitant que l'État n'utilise son pouvoir législatif et sa puissance en tant qu'autorité administrative au détriment de l'économie du contrat.

385. Par la *clause de stabilisation*, l'État s'engage à ne pas modifier la législation telle qu'elle existe au moment de la conclusion du contrat ou tout au moins à ne pas appliquer une nouvelle législation au contrat. On parle « d'incorporation » de la loi de référence (initiale) au contrat.

386. Cette clause assure à la partie qui contracte avec l'État, la garantie du maintien de certaines conditions de base existantes au moment de la conclusion du contrat. En fonction de l'étendue de la protection recherchée, les parties sont libres, d'avoir recours à des clauses plus ou moins larges, figeant seulement une partie de la législation de l'État d'accueil ou alors l'intégralité de celle-ci.

En réalité, cette clause sert l'intérêt du partenaire privé qui pourra poursuivre ses opérations sans se faire trop de souci.

B/La clause d'intangibilité

387. Les *clauses d'intangibilité* ont pour objet d'empêcher l'État de procéder à la modification unilatérale du contrat en faisant usage de ses prérogatives de puissance publique. Ainsi, dans un contrat de concession minière signé entre un État et une société minière étrangère, le Gouvernement ne peut, en présence d'une clause d'intangibilité, modifier ou arrêter unilatéralement le contrat de concession.

388. Par cette clause, le partenaire privé ou l'investisseur pourra être couvert contre l'aléa administratif, car l'État s'engage de ne pas exercer ses pouvoirs souverains pour changer les termes de l'accord de concession. Ainsi, l'État ne pourra pas, par exemple, décider d'exproprier ou de nationaliser les actifs de l'investisseur. Il ne pourra non plus modifier le régime fiscal ou douanier applicable au contrat.

389. *Attention*! La clause de stabilisation et d'intangibilité ne suffit pas, à elle seule, pour mettre l'investisseur à l'abri des surprises désagréables. Elle doit être complétée par une clause d'arbitrage, afin d'éviter la compétence des tribunaux de l'État contractant.

Prenons l'exemple d'un investisseur étranger qui a pris le soin d'insérer dans un contrat de concession minière, une clause de stabilisation du droit. Ledit contrat prévoit la compétence des tribunaux locaux de l'État contractant en cas de différend.

Imaginons qu'à la suite d'un coup d'État, comme cela arrive malheureusement souvent dans nos pays, que les nouveaux maîtres des lieux, à la suite de la suspension de la Constitution et des Institutions, décident également de suspendre tous les contrats de concession en cours, voire de les nationaliser. Naturellement, l'investisseur étranger qui, le plus souvent, a déjà engagé d'importantes sommes d'argent dans le cadre de l'exécution du contrat, saisira les tribunaux pour faire valoir la clause de stabilisation du droit.

Dans un tel contexte, le juge national saisi aura du mal à rendre une décision contraire à la décision de suspension ou de nationalisation prise par les nouveaux maîtres des lieux. Dans tous les cas, les tribunaux étatiques éprouveront une certaine gêne à censurer cette décision.

Or, si l'investisseur étranger avait pris *la précaution de renforcer la clause de stabilisation par une clause d'arbitrage en terrain neutre*, il aurait pu obtenir la condamnation de l'État, ne serait-ce qu'au paiement des dommages-intérêts conséquents pour le préjudice subi. Aussi, il aurait pu faire exécuter la sentence sans trop de souci, dans tous les autres États qui sont parties à la Convention de New York sur la reconnaissance et l'exécution des sentences arbitrales.

390. Il convient d'insister pour terminer sur la neutralité du siège de l'arbitrage. Reprenant l'exemple précédent, si le contrat avait prévu un arbitrage sur le territoire de l'État contractant, les risques demeureraient intacts, car les nouveaux maîtres des lieux pourraient également prendre, pour des raisons « d'ordre public », une décision pour suspendre jusqu'à nouvel ordre le déroulement de la procédure d'arbitrage.

Exemple de clause de stabilisation du droit *(dans une Convention de concession minière)*

Article ..... : Stabilisation

L'État s'engage à :

- garantir pendant toute la durée de la présente Convention, à la société......, à ses filiales, à ses sous-traitants, à son ou ses gestionnaires, à ses mandataires sociaux, à ses agents expatriés et ses bailleurs de fonds, la stabilisation des avantages économiques et financiers, des conditions fiscales et douanières, législatives et réglementaires prévus dans la Convention ;

- dédommager la société......, ses filiales, ses sous-traitants, son ou ses gestionnaires, ses mandataires sociaux, ses agents expatriés et ses bailleurs de fonds, selon le cas des frais supplémentaires résultants du changement des dispositions législatives et réglementaires en vigueur après la date de signature de la Convention ;

- garantir à la société...... le libre choix des fournisseurs, des sous-traitants et des prestataires de services ainsi que des partenaires ;

- garantir que toutes dispositions plus favorables qui seraient prises après la signature de la Convention seront étendues de plein droit à la société......, à ses filiales, à ses sous-traitants, à son ou ses gestionnaires, à ses mandataires sociaux, à ses agents expatriés et ses bailleurs de fonds, sauf renonciation expresse de leur part ;

- n'édicter à l'égard de la société......, de ses filiales, de ses sous-traitants, de son ou de ses gestionnaires, de ses mandataires sociaux, de ses agents expatriés et de ses bailleurs de fonds aucune mesure en matière de législation qui puisse être considérée comme discriminatoire par rapport à celles qui seraient imposées à des entreprises exerçant une activité similaire au <pays> ;

- faciliter l'obtention des autorisations administratives et permis requis pour le personnel expatrié et notamment les visas d'entrée et de sortie, le permis de travail et de séjour ;
- ne pas exproprier en totalité ou en partie les installations et les infrastructures bâties ou acquises dans le cadre des opérations minières de la société……, de ses filiales et de ses sous-traitants, sauf en cas de force majeure ou nécessité publique. Dans ce cas, l'État versera à la société une juste indemnité fixée conformément à la législation en vigueur en matière d'expropriation au moment de la signature de la présente Convention, ainsi qu'aux principes admis en droit international.

SECTION 5 : LES CLAUSES RELATIVES À LA FIN DU CONTRAT

391. La fin du contrat peut être la conséquence logique de son exécution, tout comme elle peut résulter d'une sanction prononcée par le juge pour inexécution par l'une des parties de ses obligations. Si certaines clauses visent à éviter la fin prématurée du contrat (**§ 1**), d'autres par contre permettent aux parties de sortir du contrat (**§ 2**). Une troisième catégorie est destinée à accompagner la sortie du contrat (**§ 3**).

§ 1 – Les clauses tendant à éviter la fin du contrat

392. Afin d'éviter la fin prématurée du contrat, les parties peuvent insérer dans leur contrat des clauses qui vont les inciter à exécuter leurs obligations sous peine de sanction. Il en est ainsi de la clause d'astreinte (**A**), de la clause pénale (**B**) et de la clause de remplacement (**C**).

A./La clause d'astreinte

393. L'astreinte est *un moyen indirect de contraindre le débiteur à exécuter*. Il convient de présenter l'intérêt (**1**) et les conditions de validité de cette clause (**2**).

1. L'intérêt de la clause d'astreinte

394. L'astreinte est une mesure souvent efficace pour obtenir l'exécution d'une obligation. Elle vise à contraindre un débiteur récalcitrant qui doit payer une somme d'argent à un créancier à s'exécuter, sous peine d'une condamnation au paiement des dommages-intérêts. C'est donc une *mesure comminatoire*, c'est-à-dire incitative, qui permet de vaincre la résistance du débiteur.

395. L'astreinte peut accompagner un jugement. Dans ce cas, il s'agit de l'*astreinte judiciaire* qui peut être provisoire ou définitive. On dit que l'astreinte est provisoire dans la mesure où le juge qui la prononce peut en modifier le montant au moment de la liquidation de l'astreinte. Et le juge ne peut pas prononcer une astreinte définitive avant l'astreinte provisoire.

Par ailleurs, l'astreinte judiciaire prend effet à la date fixée par le juge, laquelle ne peut être antérieure au jour où la décision qui ordonne a été signifiée au débiteur. Pour éviter ces incertitudes, les parties ont intérêt d'opter pour l'astreinte conventionnelle, en insérant dans leur contrat une clause d'astreinte.

396. L'astreinte conventionnelle prévue au contrat présente l'avantage de laisser aux parties le choix de sa date d'effet. Les parties peuvent décider d'accompagner le respect des engagements contractuels par l'une d'elles d'une clause d'astreinte, laquelle pourra s'appliquer, soit à compter d'une date d'échéance fixée par la clause, soit à compter de la mise en demeure adressée au débiteur.

397. L'astreinte doit être distinguée des *dommages et intérêts moratoires*. Les dommages et intérêts ont pour but d'indemniser le créancier pour le préjudice que lui cause le retard dans l'exécution de l'obligation. L'astreinte, au contraire, est un moyen de pression. Elle permet de mettre à la charge d'une des parties au contrat l'obligation de payer une certaine somme d'argent si elle n'exécute pas ses obligations dans les délais prescrits. L'objectif recherché est de contraindre le débiteur à s'exécuter dans les délais.

398. L'astreinte a un caractère arbitraire. Le plus souvent, elle est fixée à un taux élevé en tenant compte des ressources du débiteur et de sa capacité de résistance. Elle n'est pas fixée en fonction du préjudice subi.

2. La validité de la clause d'astreinte

399. La clause d'astreinte ne doit pas être confondue avec la clause pénale, même si elles se rapprochent. Elle s'apparente, comme la clause pénale, à une sanction pécuniaire qui s'applique à l'encontre du débiteur défaillant, mais la similitude s'arrête là.

La clause pénale a une *fonction indemnitaire et comminatoire*, ce qui n'est pas le cas de la clause d'astreinte. Celle-ci joue un rôle de pression en vue de vaincre la résistance du débiteur d'une obligation. Par ailleurs, si le montant de la clause pénale peut être révisé par le juge, tel n'est pas le cas de la clause d'astreinte. Le montant fixé dans la clause d'astreinte s'impose aussi bien aux parties qu'au juge. Le rôle du juge consiste simplement à vérifier si les conditions d'application de la clause sont remplies.

400. Dans la rédaction de la clause d'astreinte, et afin d'éviter toute confusion avec la clause pénale, les *parties doivent préciser que la somme est destinée à sanctionner le retard pris dans l'exécution d'une obligation.* Cette somme peut être une somme forfaitaire, une somme fixe ou une somme variable dont le montant augmentera en fonction du retard pris. Cette dernière forme est plus efficace en termes de moyen de pression.

Les parties doivent aller plus loin, en mentionnant que cette clause ne fait pas obstacle à une action éventuelle en paiement de dommages-intérêts moratoires. En effet, l'application de la clause d'astreinte est indépendante des dommages-intérêts qui sont susceptibles d'être accordés au créancier, en raison notamment du retard pris par le débiteur dans l'exécution de ses obligations.

B./La clause pénale

401. L'intérêt (**1**) et les conditions de validité de la clause (**2**) pénale méritent d'être précisés.

1. L'intérêt de la clause pénale

402. La clause pénale est celle par laquelle les parties conviennent qu'au cas où l'une d'elles manquerait à son engagement, elle *verserait à l'autre partie une somme d'argent dont le montant (forfaitaire) fixé à l'avance est indépendant du* *préjudice causé* et constitue en quelque sorte des dommages-intérêts.

La clause pénale est en réalité *un moyen de pression* sur le débiteur pour l'inciter à exécuter ses obligations. Par le biais de cette clause, toute discussion ultérieure sur le montant du préjudice subi est évitée. Malgré sa dénomination il s'agit d'une sanction civile prévue pas les parties à un contrat.

403. Les parties peuvent stipuler soit l'attribution d'une somme d'argent, soit exiger de la partie qui ne s'est pas exécutée qu'elle fournisse une prestation en nature ou qu'elle s'abstienne de faire quelque chose.

2. La validité de la clause pénale

404. Le montant de la pénalité peut être révisé par le juge, à la hausse comme à la baisse, lorsqu'il est manifestement excessif ou dérisoire. Il en est ainsi notamment lorsque le créancier n'a subi aucun préjudice ou lorsque l'obligation a fait l'objet d'une exécution partielle. Il convient, toutefois, de préciser que le juge n'est pas tenu de réviser le montant des pénalités initialement prévues.

405. La clause pénale est inefficace en droit anglais qui n'admet pas sa fonction de moyen de pression. Par conséquent, dans un contrat international, il faut être attentif à sa rédaction. À défaut, elle sera considérée comme contraire à l'ordre public.

Exemples de clause pénale

Exemple 1

Article... : Pénalité de retard

En cas de non-respect des délais fixés à l'article 5 ci-dessus, pour l'exécution des travaux, l'Entrepreneur est passible, sans mise en demeure préalable, de pénalités dont le montant est de 1/3000 du montant initial du marché éventuellement modifié ou complété par les avenants intervenus, par jour calendaire de retard.

Le montant des retenues éventuelles pour pénalités sera déduit lors des paiements.

Exemple 2

> **Article... : Pénalité de retard**
>
> Tout défaut de paiement dans les délais prévus à l'article « prix » fera courir, nonobstant l'article « résiliation », des intérêts de retard au taux d'intérêt légal majoré de un et demi (1,5) point. Ces intérêts courront, sans mise en demeure préalable, du seul fait du non-respect des délais de paiement, et ce, jusqu'au paiement intégral de la somme due. Le montant des pénalités de retard à verser est calculé au *prorata temporis*.
>
> En outre, tous les frais liés au retard, qui auront été supportés par le Prestataire, seront facturés au Client.

C./La clause de remplacement

406. La clause de remplacement *est celle par laquelle le créancier fait exécuter lui-même l'obligation aux frais du débiteur qui ne s'est pas exécuté.* Il convient de présenter son utilité (**1**) et les écueils à éviter lors de sa rédaction (**2**).

1. La fonction de la clause de remplacement

407. Encore appelée « *clause d'exécution d'office* », la clause de remplacement offre la faculté au créancier de faire exécuter lui-même toutes les obligations de faire découlant du contrat, dès lors que le résultat recherché et prévu dans le contrat peut être atteint. Elle offre une alternative au cocontractant. Celui-ci a la faculté, au lieu de poursuivre l'exécution forcée de l'obligation concernée, de faire exécuter lui-même l'obligation et de solliciter ensuite du débiteur le remboursement des sommes exposées pour ce faire.

408. Les clauses de remplacement sont surtout utilisées dans les contrats ayant pour objet la fourniture d'un bien mobilier. Ainsi, les parties peuvent prévoir dans le contrat qu'au cas où l'acheteur n'était pas livré de la chose convenue dans les délais impartis, il se réservait le droit de se faire livrer par un tiers aux frais du vendeur qui aura manqué à son obligation de délivrance.

On retrouve également les clauses de remplacement dans les contrats d'entreprise. Par le biais de cette clause, le maître d'ouvrage peut faire réaliser les travaux convenus par une entreprise autre que celle à qui le marché a initialement été confié.

2. Les conseils et écueils à éviter

409. La clause de remplacement doit être rédigée en veillant au respect de certaines conditions. Celles-ci sont relatives à la mise en demeure, à l'observation d'un délai raisonnable et au respect d'un coût raisonnable.

410. La mise en œuvre de la faculté de remplacement *doit être précédée d'une mise en demeure du débiteur.* Le débiteur doit être mis en demeure de s'exécuter. La mise en demeure doit indiquer le risque auquel le débiteur s'expose en cas d'inaction. Il doit être informé de ce qu'il supportera le coût de l'exécution du contrat par un tiers.

411. La mise en œuvre de la clause de remplacement ne peut être envisagée que si le créancier a attendu un délai raisonnable entre la date d'échéance de l'obligation et la sollicitation d'un tiers. Cela s'explique dans la mesure où, une mise en demeure doit être préalablement adressée au débiteur. Par conséquent, au moment de la rédaction de la clause, il faut préciser non seulement le délai de mise en demeure, mais également le temps que dispose le débiteur pour régulariser sa situation en cas de mise en demeure. Raisonnablement, ce délai devrait commencer à courir à compter de la date de mise en demeure du débiteur.

412. Le coût de remplacement en cas de défaillance du débiteur *doit être raisonnable.* Ce coût s'apprécie au regard du montant de la prestation stipulé dans le contrat. Il est donc important d'en tenir compte dans la rédaction de la clause. En clair, l'intervention d'un tiers ne doit pas engendrer des frais disproportionnés par rapport au coût initial de la prestation.

§ 2 – Les clauses tendant à permettre la sortie du contrat

413. Pour éviter de recourir à la voie judiciaire avec tous les risques qui y sont attachés, les parties ont la possibilité d'insérer dans le contrat une clause qui permettra de mettre fin au contrat sans l'intervention du juge. Ces clauses peuvent être liées à un défaut d'exécution (**A**) ou non (**B**) du contrat.

A./Les clauses liées à un défaut d'exécution du contrat

414. Parmi ces clauses liées à un défaut d'exécution du contrat, on peut citer la clause résolutoire (**1**), la clause de résiliation (**2**) et la clause de force majeure (**3**).

1. La clause résolutoire

415. La résolution d'un contrat peut avoir lieu *en cas d'inexécution* de ses obligations par l'un des cocontractants ou si le contrat *ne peut pas être exécuté,* notamment pour cause de force majeure par exemple. Elle peut être mise en œuvre à travers une clause résolutoire, dont il convient d'en préciser la portée (**a**) avant d'envisager les écueils à éviter (**a**).

a) L'intérêt de la clause résolutoire

416. La clause résolutoire *définit à l'avance les conditions de rupture d'un contrat si l'une des parties ne le respecte pas.* Elle a un rôle dissuasif, car elle incite le contractant défaillant à exécuter ses obligations.

Cette clause permet d'écarter l'intervention préalable du juge en cas d'inexécution du contrat par l'une des parties. Elle permet ainsi d'évincer le pouvoir d'appréciation du juge quant au bien-fondé de la résolution.

417. Lorsque dans un contrat il existe une clause résolutoire, et qu'elle s'accomplit, elle aura un *effet rétroactif,* c'est-à-dire que l'on reviendra dans la situation initiale, comme si le contrat n'avait pas été conclu. De façon prosaïque, la résolution efface le contrat.

La résolution entraîne la destruction du contrat qui sera considéré comme n'ayant jamais existé, les choses sont remises dans l'état où elles se trouvaient à la date de conclusion du contrat. Par conséquent, les parties devront restituer toutes les prestations qu'elles ont reçues de part et d'autre.

418. La résolution peut être totale ou partielle. Elle est totale si elle est étendue à d'autres contrats liés à la convention en cause, à cet effet, il est nécessaire d'en tenir compte au moment de la rédaction de la clause. La résolution partielle matérialise la volonté des parties au contrat d'assurer une certaine proportionnalité entre l'inexécution et la sanction.

La résolution totale ne doit pas être confondue avec la clause de défaut croisé (*cross default* en anglais) qui figure dans certains types de contrats, comme le contrat de prêt.[54] Par exemple, une banque accorde à un salarié un prêt immobilier et un prêt à la consommation. Si l'échéance de remboursement d'un des prêts n'est pas respectée, l'autre pourrait être immédiatement exigible.

b) Les conseils et écueils à éviter

419. La clause résolutoire doit être bien rédigée afin de faciliter la rupture du contrat. D'abord, la résolution doit être *automatique* même si le débiteur est de bonne foi. Les parties doivent veiller à la précision de la formulation, car une formulation trop imprécise peut être source de contestations, et obliger l'autre partie à solliciter l'arbitrage des tribunaux.

Par exemple, si la clause se limite à mentionner que : « *Le contrat sera résolu en cas d'inexécution par l'une des parties de ses obligations.* », la partie qui l'invoquera devra demander au juge de prononcer la résolution. Or, les parties n'ont pas besoin de recourir au juge si la clause a prévu une résolution « *de plein droit* ». Il en est de même si la clause prévoit une résolution « *de plein droit et sans mise en demeure* ». Dans ce cas, la résolution se produit sans mise en demeure et sans recourir au juge.

420. La clause résolutoire doit être *non équivoque et spécifique*. Elle doit préciser les engagements dont l'inexécution entraînera la résolution du contrat. Pour éviter de fragiliser la mise en œuvre de la clause, il faut employer des termes précis, en indiquant les cas de résolution.

Les parties doivent indiquer de façon précise l'obligation qui entraînera la résolution du contrat si elle n'est pas remplie. Il peut s'agir du non-respect des délais contractuels.

---

[54] La *clause de défaut croisé* donne le droit au créancier, en cas de défaillance du débiteur dans le remboursement de ses échéances, d'exiger le paiement anticipé du solde pour toute autre dette qu'il a contractée. Cette clause établit une relation entre plusieurs contrats, notamment ceux relatifs au crédit. Elle entraîne une insécurité juridique particulièrement élevée chez l'emprunteur, notamment en période crise. Il faut donc être très attentif dans sa rédaction. On peut assouplir la clause en la cantonnant aux prêts dont l'échéance est supérieure à une certaine durée ou aux prêts d'un certain montant. Par ailleurs, il faut aussi éviter que la clause crée un déséquilibre significatif entre les droits et les obligations des parties. À défaut, elle sera considérée comme abusive, surtout si ce déséquilibre est fait au détriment du consommateur.

Exemples de clause résolutoire dans un acte de vente

Exemple 1 : *clause résolutoire sans mise en demeure*

> **Article... : Résolution**
>
> Si la livraison n'intervient pas à la date prévue au contrat, le contrat de vente sera résolu de plein droit, sans recours à une instance judiciaire ou arbitrale quelconque et sans qu'une mise en demeure soit nécessaire. Le vendeur sera tenu de restituer tout ou partie du prix qu'il aurait reçu dans le mois qui suit la date prévue pour la livraison.

Exemple 2 : *clause résolutoire avec mise en demeure*

> **Article... : Résolution**
>
> Si la livraison n'intervient pas à la date prévue au contrat, le contrat de vente sera résolu de plein droit et sans recours à une instance judiciaire ou arbitrale quelconque, si la mise en demeure par lettre recommandée avec accusé de réception de l'acheteur invitant le vendeur de livrer est restée sans effet pendant une période d'un mois à compter de la date de réception de cette mise en demeure.
>
> Le vendeur sera tenu de restituer tout ou partie du prix qu'il aurait reçu dans la semaine suivant l'expiration du mois accordée par la mise en demeure.

2. La clause de résiliation

421. La résiliation peut être conventionnelle, judiciaire[55] ou légale (plein droit)[56]. La *résiliation conventionnelle* (amiable) est celle qui résulte d'une clause du contrat et qui est mise en

---

[55] La résiliation judiciaire est l'ultime recours lorsque les parties sont en désaccord sur une résiliation de plein droit ou qu'elles n'ont pas prévu de résiliation contractuelle ou encore si celle-ci est contestée.

[56] La loi prévoit certains cas d'espèce où la résiliation peut être obtenue de plein droit, sans recours au juge. Il en est ainsi de la rupture du contrat de travail du fait de la survenance de l'âge de la retraite.

œuvre à l'initiative des parties. Il convient de préciser la portée de la résiliation amiable (**a**) avant d'envisager les conseils utiles pour la rédaction de la clause (**b**).

a) L'intérêt de la résiliation amiable

422. La résiliation désigne la fin prématurée d'un contrat à exécution successive ou dont l'exécution se déroule dans le temps. Elle sanctionne généralement un ou plusieurs manquements de l'une des parties au contrat. La clause de résiliation *permet aux parties de convenir et de fixer ensemble les conditions et les modalités du dénouement du lien contractuel.* C'est une variante de la clause résolutoire.

423. La résiliation n'est possible que pour les contrats dont les prestations s'étalent dans le temps comme les contrats de distribution, de bail, d'assurance, de travail, etc. Contrairement à la résolution, la résiliation met fin au contrat pour l'avenir.

De façon concrète, il est facile de comprendre que le locataire n'est pas en mesure de restituer au bailleur l'avantage qu'il a tiré de l'occupation des lieux loués. Il en est de même de l'employeur qui ne peut pas restituer à son salarié le travail que celui-ci lui a fourni.

424. Pour éviter de confier le sort de leur contrat au juge, les parties ont la possibilité de prévoir dans leur contrat dans quels cas le contrat pourra être résilié. Il s'agit de la résiliation conventionnelle.

b) Les conseils et écueils à éviter

425. La clause de résiliation concerne au premier chef les contrats à durée indéterminée. *Un contrat à durée indéterminée peut être résilié à tout moment par l'une des parties, les engagements éternels étant interdits.* Cette résiliation ne doit cependant pas être brutale, elle doit intervenir à l'issue d'un délai de préavis.

426. Dans le silence du contrat, la rupture des relations commerciales doit intervenir après un délai de préavis qui tient compte des usages commerciaux, notamment de la nature des relations commerciales, du montant du contrat, etc. Les juges apprécient librement ce délai de préavis.

Une faute grave peut, toutefois, justifier la dispense de préavis. Lorsque les parties ont prévu dans le contrat à durée indéterminée, le respect d'un préavis en cas de résiliation du contrat, il n'est plus nécessaire, au moment de la mise en œuvre de la clause de résiliation, d'invoquer les motifs de la résiliation si le délai de préavis est respecté. Mais attention, la rupture ne doit pour autant pas être abusive.

427. Concernant les contrats à durée déterminée, en principe, ils ne peuvent pas prendre fin avant leur terme. La résiliation unilatérale du contrat avant l'arrivée du terme constitue une faute, ouvrant droit à une action en responsabilité civile au bénéfice du cocontractant, sauf si la rupture est justifiée par l'inexécution ou les manquements du cocontractant.

Toutefois, en présence d'une clause de résiliation, le contrat peut néanmoins être résilié pour un motif légitime, c'est-à-dire en cas de manquement grave d'une partie rendant impossible le maintien du contrat, selon la jurisprudence.

En l'absence d'une telle clause, la résiliation ne peut être obtenue que par voie judiciaire. Le juge prononcera la résiliation aux torts exclusifs d'une partie ou réciproques des parties et fixera le montant des dommages et intérêts en fonction du degré de responsabilité de chacune des parties.

Les précisions de formulation et de rédaction faites pour la clause résolutoire valent également pour la clause de résiliation.

Exemple de clause de résiliation dans un contrat de bail

Article... : Résiliation

Le présent contrat sera résilié immédiatement et de plein droit, sans qu'il soit besoin de faire ordonner cette résiliation en justice, si bon semble au bailleur :

- deux mois après un commandement demeuré infructueux à défaut de paiement aux termes convenus de tout ou partie du loyer et des charges ou en cas de non-versement du dépôt de garantie éventuellement prévu au contrat ;

- un mois après un commandement demeuré infructueux à défaut d'assurance contre les risques locatifs.

Les frais et honoraires exposés par le bailleur pour la délivrance des commandements ou la mise en recouvrement des sommes qui lui sont dues seront à la charge du locataire, sous réserve de l'appréciation des tribunaux, conformément à l'article 149 du code de procédure civile ivoirien.

Une fois acquis au bailleur le bénéfice de la clause résolutoire, le locataire devra libérer immédiatement les lieux. S'il s'y refuse, le bailleur devra préalablement à toute expulsion faire constater la résiliation du bail par le juge des référés. Il est expressément convenu qu'en cas de paiement par chèque le loyer et les charges ne seront considérés comme réglés qu'après encaissement du chèque, la clause résolutoire pouvant être appliquée par le bailleur dans le cas où le chèque serait sans provision.

Tout retard dans le paiement du loyer, de ses accessoires entraînera une majoration de plein droit de 10 % sur le montant des sommes dues, en dédommagement du préjudice subi par le bailleur, et ce, sans qu'une mise en demeure soit nécessaire, en dérogation des dispositions légales.

Si le locataire déchu de tout droit d'occupation ne libère pas les lieux, résiste à une ordonnance d'expulsion ou obtient des délais pour son départ, il devra verser par jour de retard, outre les charges, une indemnité conventionnelle d'occupation égale à deux fois le loyer quotidien, ceci jusqu'à complet déménagement et la restitution des clés.

Cette indemnité est destinée à dédommager le bailleur du préjudice provoqué par l'occupation abusive des lieux loués qui fait obstacle à l'exercice des droits du bailleur.

3. La clause de force majeure

428. De nombreux contrats contiennent une clause dite de force majeure. Cette clause sert notamment à exonérer une partie contractante de tout dommage résultant du retard ou du défaut d'exécution d'une obligation contractuelle lorsqu'un événement, constituant un cas de force majeure, empêche celle-ci d'honorer cette obligation. Une telle clause peut s'avérer utile dans un contrat (**a**), à condition qu'elle soit bien rédigée (**b**)

a) L'intérêt de la clause de force majeure

429. Le cas de force majeure résulte d'un événement qui a pour caractéristiques d'être : imprévisible, irrésistible et insurmontable. Il a pour objet d'étendre, ou parfois de restreindre, les conditions dans lesquelles une partie peut s'exonérer de l'exécution d'une obligation contractuelle.

430. Le législateur a donné une définition de la notion de « force majeure », mais cette définition est assez générique. Les parties à un contrat ont donc intérêt, dans la mesure où il ne s'agit pas d'une disposition d'ordre public, de préciser contractuellement le sens de cette notion, de façon à ce que certains événements, qui pourraient ne pas passer le test de l'imprévisibilité et de l'irrésistibilité fixé par la loi, soient bel et bien constitutifs d'un cas de force majeure avec l'effet d'exonération recherché.

Parmi ces événements, on peut citer les catastrophes naturelles, les émeutes, la grève générale. Ces cas ne posent pas problème. Par contre, d'autres comme une grève limitée à une partie du personnel peuvent être contestés.

431. L'intérêt d'une définition spécifique réside dans le fait que les tribunaux lorsqu'ils sont appelés à statuer sur un cas de force majeure vont, à défaut d'une clause explicite énonçant clairement un cas de force majeure précis, s'en tenir à ce que la loi prévoit à cet égard. Ainsi, à défaut d'une définition spécifique, les tribunaux pourront exclure du champ de la force majeure un cas limite qu'une partie considère comme un empêchement important contre lequel elle veut se protéger. Les parties ont donc intérêt à adopter une définition adaptée à leur situation.

b) Les conseils et écueils à éviter

432. Au moment de la définition de la clause de force majeure, les parties doivent veiller à compléter la définition générale, qui s'inspire de la définition légale, par une liste d'événements constitutifs de cas de force majeure. Il faut avoir à l'esprit que les parties peuvent stipuler dans leur accord qu'un événement, même s'il ne réunit pas les caractères de la force majeure, pourra en avoir les conséquences. Il ne faut surtout pas oublier de mentionner le caractère partiel ou non exhaustif de cette liste.

433. Une fois l'accord défini, il faut préciser les conditions de mise en œuvre de la clause de force majeure. Pour éviter toute contestation postérieure par l'autre partie, le délai de notification de l'événement requis pour que l'un des contractants invoque un cas de force majeure doit être fixé. De même, les parties doivent mentionner la forme que devra adopter la notification de l'événement. Il est préférable d'opter pour une notification par lettre recommandée avec accusé de réception.

434. Toujours dans le souci d'éviter toute ambiguïté, il est recommandé que les parties précisent les conséquences de l'intervention d'un événement de force majeure sur leurs relations contractuelles. Parmi ces conséquences, on peut citer la suspension et la résiliation.

Il revient aux parties d'opter pour la formule adaptée à leur situation. Les parties peuvent opter pour une formule graduelle. Elles peuvent, par exemple, prévoir qu'en cas de force majeure, les relations contractuelles seront, dans un premier temps, suspendues, ce pour une durée bien déterminée, et qu'au-delà de cette durée, le contrat sera purement et simplement résilié si l'événement de force majeure se poursuit.

Exemple de clause de force majeure

Article... : Force majeure

Aucune des parties au présent contrat ne pourra être tenue pour responsable de son retard ou de sa défaillance à exécuter l'une des obligations à sa charge au titre du présent contrat si ce retard ou cette défaillance est l'effet direct ou indirect d'un cas de force majeure.

Constitue un cas de force majeure tout événement imprévisible irrésistible et insurmontable ; cela comprend notamment tout sinistre provoqué par la nature, épidémie, incendie, accident, guerre, insurrection, émeute, acte de terrorisme, arrêt ou ralentissement de travail spontané, lock-out, changement dans les conditions de marché, panne de lignes de télécommunications ou d'électricité, acte de gouvernement ou ordonnance d'un tribunal ou d'une autorité publique.

En cas de survenance d'un tel événement, la partie qui le subira ne sera toutefois exonérée de l'obligation affectée que pendant la durée de l'événement en cause, toutes les autres obligations à sa charge restant en vigueur, et elle sera tenue d'informer par écrit l'autre partie de cet événement dans les quinze jours de sa survenance, ainsi que d'exécuter l'obligation qu'elle aura été empêchée d'exécuter dès que l'événement en cause aura pris fin.

Si la durée de cet empêchement excède trente jours consécutifs, les parties devront se concerter dans les huit jours suivant le terme de ce délai pour examiner de bonne foi si le présent contrat doit se poursuivre ou prendre fin. En cas de désaccord persistant au terme de ces huit jours, la partie lésée par la non-exécution de l'obligation empêchée par l'événement en cause aura le droit de résilier le présent contrat sans préavis.

B./Les clauses non liées à un défaut d'exécution du contrat

435. Parmi les clauses non liées à un défaut d'exécution du contrat, on peut citer la clause de dédit (**1**) et la clause MAC (**2**).

1. La clause de dédit

436. La clause de dédit *est celle par laquelle une partie peut se désengager d'un contrat qu'elle a conclu*, en principe avant que celui-ci n'ait commencé à être exécuté. Il convient de présenter son intérêt (**a**) et ses conditions de validité (**b**).

a) La fonction de la clause de dédit

437. La clause de dédit a une *fonction compensatoire.* Elle offre la faculté aux parties à un contrat de s'en délier unilatéralement, moyennant le paiement d'une compensation. Par conséquent, celui qui utilise cette faculté de rétractation ne commet pas une faute contractuelle dans la mesure où cette possibilité a été prévue dans le contrat.

438. La clause de dédit doit être distinguée de la clause pénale qui sanctionne une inexécution contractuelle et qui a une *fonction comminatoire et indemnitaire*. Dans la clause pénale, le montant de la pénalité peut être révisé par le juge, ce qui n'ait pas le cas du montant de la compensation ou de l'indemnité de dédit.

439. La partie qui prend l'initiative de se rétracter n'a pas à se justifier. La faculté de dédit est libre et n'a pas à être motivée. Il suffit d'agir de bonne foi.

Par ailleurs, le bénéficiaire de la faculté de dédit peut y renoncer avant même l'expiration du délai prévu. Dans ce cas, il sera privé de la faculté de se rétracter.

b) Les conseils et écueils de rédaction

440. Les parties peuvent prévoir dans le contrat une clause de dédit. Toutefois, elles doivent respecter un certain nombre de conditions portant notamment sur le délai de rétractation, le caractère onéreux ou bilatéral de la clause.

441. La clause de dédit doit prévoir un *délai de rétractation*, délai avant l'expiration duquel son bénéficiaire peut rétracter son consentement, reprendre le consentement qui a été donné. C'est d'ailleurs logique, on ne peut pas se retirer comme on veut, à tout moment, d'un contrat.

442. La clause de dédit ne doit pas être nécessairement *onéreuse* et *bilatérale*. La validité de la clause de dédit n'est pas subordonnée à la stipulation d'une indemnité. Les parties peuvent convenir librement dans leur contrat d'une faculté de dédit gratuite.[57]

Il n'est pas indispensable que la clause de dédit soit ouverte aux deux parties. Toutefois, il faut faire attention lorsque la clause de dédit est insérée dans un contrat conclu entre un professionnel et un consommateur. Dans ce cas, serait abusive une clause de dédit qui réserve la faculté de rétractation au seul professionnel.

---

[57] La jurisprudence ne soumet la clause de résiliation unilatérale dans les contrats à durée déterminée à aucune condition qui serait imposée aux parties. Elle admet qu'une clause de dédit ne comporte pas de contrepartie financière. Voir not. en France, Cass. Com., 30 octobre 2000, pourvoi n° 98-11224, D. 2001, p. 3241, note Denis MAZEAUD.

2. La clause MAC

443. Importée de la pratique anglo-saxonne, la clause dite « MAC » ou « *material adverse change* » est connue en français sous la dénomination de *clause d'événement défavorable significatif*. Il convient de présenter sa fonction (**a**) et ses conditions de validité (**b**).

a) La fonction de la clause

444. La clause MAC a pour objet de *spécifier les conditions permettant de mettre un terme à une transaction suite à la survenue d'un événement susceptible d'impacter de façon significative la situation de l'une des parties au contrat*. Elle permet aux parties de se protéger des conséquences défavorables d'une modification importante des circonstances avant la conclusion définitive du contrat envisagé ou en cours d'exécution.

La clause MAC permet de se protéger contre tous les événements exceptionnels qui affectent sensiblement la rentabilité de l'opération envisagée.[58] Elle permet à la partie affectée *de revenir sur son engagement initial en renégociant partiellement le contrat* ou *de se désengager du contrat en le résiliant de manière anticipée.*

445. Le contenu des clauses MAC varie en fonction de la nature de l'opération envisagée. Dans un contrat impliquant un industriel, la clause MAC aura pour objectif de protéger l'industriel en cas de survenance d'événements exceptionnels affectant la continuité de l'activité de l'entreprise.

446. Traditionnellement, les clauses MAC étaient utilisées dans les contrats de financement. Elles étaient destinées à protéger les prêteurs d'une détérioration soudaine de la situation de l'emprunteur affectant sa capacité de remboursement ou d'une dégradation des conditions de marché rendant l'opération plus onéreuse pour les banques. Aujourd'hui, on retrouve ces clauses principalement dans les opérations d'acquisitions d'entreprises et les opérations de financement de projet.

---

[58] La clause MAC, quelque peu oubliée ces dernières années, semble faire son grand retour avec l'avènement de la Covid-19. Certains considèrent ce virus comme un changement défavorable significatif. Voir Clément DUREAU-HAZERA, « Validité d'une MAC clause dans les opérations de fusions-acquisitions en cas de pandémie », JCP E, n° 41, oct. 2020.

b) Les conseils et écueils de rédaction

447. La clause MAC *ne peut être invoquée que si l'exécution du contrat a commencé*. À défaut, elle peut être assimilée à une clause de dédit.

448. La clause MAC doit être rédigée avec beaucoup de précision, de façon à indiquer exactement ce qu'on entend par changement économique défavorable. Les parties doivent définir avec précision les cas permettant à l'une d'elles de se désengager. En l'absence d'une telle précision, le *risque de potestativité* est à craindre. Il faut éviter une clause qui permette à l'une des parties de se désengager par sa seule volonté. Une telle clause encourt la nullité, car potestative.

449. L'événement défavorable significatif doit être défini de manière la plus objective. Les parties ont souvent tendance à vouloir tout intégrer dans cette clause, ce qui conduit à un risque de subjectivité. Or, dans ce cas, en présence d'une clause « fourre-tout », il reviendra au juge de trancher. Celui-ci fera appel à la notion du « *bon père de famille* ».

Il n'est certes pas possible de définir dans la clause MAC tous les événements ou situations dont la survenance serait susceptible de remettre en cause l'exécution du contrat. Mais, les parties doivent *préciser de façon explicite le caractère déterminant des événements concernés dans la clause.*

§ 3 – Les clauses accompagnant la sortie du contrat

450. Parmi les clauses qui accompagnent la sortie du contrat, on peut citer la clause de non-concurrence (**A**) et la clause de confidentialité (**B**).

A./La clause de non-concurrence

451. Bien connue en droit du travail, la clause de non-concurrence est également utilisée en droit commercial. Elle présente un intérêt certain (**1**) sous réserve de sa validité (**2**).

1. L'intérêt de la clause de non-concurrence

452. La clause de non-concurrence permet d'interdire à l'une des parties au contrat, pendant un certain temps et/ou dans un certain secteur géographique, d'exercer une activité professionnelle susceptible de concurrencer l'autre partie. Elle permet de préserver une entreprise contre une éventuelle concurrence d'un partenaire avec lequel elle est ou a eu des relations d'affaires.

453. Traditionnellement, la clause de non-concurrence est une disposition écrite figurant dans les contrats de travail. L'objet est d'interdire à un ancien salarié, après son départ de l'entreprise, l'exercice d'une activité professionnelle concurrente qui porte atteinte aux intérêts de son ancien employeur. L'idée pour l'employeur est que le salarié ne puisse pas faire un usage portant atteinte aux intérêts de l'entreprise, de toute l'expérience qu'il aura pu acquérir au sein de celle-ci pendant la durée de son contrat de travail.

On retrouve aussi la clause de non-concurrence dans les contrats d'agence commerciale. Elle a pour objet d'interdire à l'agent commercial de représenter une entreprise concurrente de celle de son mandant après la rupture de son contrat d'agence commerciale.[59] Cette clause ne doit pas être confondue avec l'obligation de loyauté qui interdit à l'agent commercial, pendant l'exécution de son contrat, de représenter une entreprise concurrente dans l'accord de son mandant.[60]

454. La clause de non-concurrence présente un intérêt certain. Le bénéficiaire de cette clause n'a pas à apporter la preuve d'une faute ou d'une déloyauté de son cocontractant en cas de manquement de ce dernier. Il lui suffit d'établir que le contractant exerce une activité qui est interdite par la clause pour obtenir réparation du préjudice subi.

2. Les conditions de validité de la clause

455. La mise en œuvre de la clause de non-concurrence (**b**) est soumise à des conditions de validité (**a**).

a) Les conditions de validité de la clause

456. Les conditions de validité de la clause de non-concurrence sont énoncées par plusieurs codes du travail. L'Acte uniforme portant sur le droit commercial général s'est

[59] Article 219 de l'Acte uniforme portant sur le droit commercial général.
[60] Article 218 de l'Acte uniforme portant sur le droit commercial général.

contenté de poser le principe de la non-concurrence.[61] C'est la jurisprudence qui a dû tracer les contours de la validité de cette clause qui porte atteinte à un principe de base du droit commercial, la liberté d'entreprendre.

En droit du travail, la validité de la clause de non-concurrence repose généralement sur deux conditions : la nature de l'activité concurrente, d'une part, et la limitation dans le temps et dans l'espace, d'autre part. Dans certains pays, il existe une troisième condition liée à la protection des intérêts légitimes de l'entreprise.

457. La clause de non-concurrence doit laisser la possibilité à son débiteur d'exercer une activité qui lui est propre. À cet effet, *l'interdiction ne peut porter que sur une activité de nature à concurrencer l'employeur.* Une interdiction générale viendrait à mettre en péril, au-delà de la liberté du travail, la liberté du commerce et de l'industrie. Ainsi, la mise en application d'une clause de non-concurrence ne doit pas empêcher le salarié de retrouver une activité professionnelle conforme à sa formation et à son expérience professionnelle qui ne concurrence pas l'activité de son ancien employeur.

458. La clause de non-concurrence doit être *limitée dans l'espace et dans le temps.* Au Sénégal, par exemple, la limitation ne peut dépasser un rayon de *50 kilomètres* autour du lieu du travail. La durée de la période pendant laquelle le salarié ne peut avoir d'activité concurrente ne doit pas dépasser *un an.*[62] Au Gabon l'article 34 du Code du travail prévoit une limitation de douze mois et un rayon de cinq kilomètres autour du lieu du travail. Cette limitation temporelle permet de garantir le principe de la liberté du travail.

459. Le juge sénégalais, s'inspirant de la jurisprudence française, estime que la clause de non-concurrence doit être indispensable à la protection des intérêts légitimes de l'employeur. Ce dernier doit pouvoir protéger son entreprise contre une concurrence anormale que pourrait développer l'ancien salarié. À cet égard, il revient à l'employeur de spécifier en quoi cette clause est nécessaire. La particularité des

---

[61] La clause de non-concurrence post-contractuelle stipulée dans un contrat d'agent commercial est valide sous certaines conditions. Elle doit être établie par écrit et concerner le secteur géographique confié à l'agent commercial. Elle peut, le cas échéant, concerner le groupe de personnes confié à l'agent commercial ainsi que le type de biens ou de services pour lesquels il exerce la représentation aux termes du contrat.

[62] Article L. 35 alinéa 2 du Code du travail.

fonctions exercées par le salarié peut être une raison. Lorsqu'un salarié est, par exemple, en contact avec la clientèle, il est à craindre que cette clientèle le suive s'il rejoint une entreprise concurrente. C'est le cas, par exemple, d'une maquilleuse dans un salon d'esthétique.

De même, une clause de non-concurrence ne saurait être inscrite dans le contrat de travail d'un salarié dont la nature de l'emploi n'est pas susceptible de lui donner accès à des informations stratégiques. L'objet de la clause est donc d'interdire le développement d'un commerce concurrent, réellement préjudiciable pour l'entreprise.

b) La mise en œuvre de la clause

460. La clause de non-concurrence ne s'applique pas pendant l'exécution du contrat de travail ; le salarié étant soumis à une obligation de loyauté. Suivant plusieurs législations, elle prend effet en cas de rupture du contrat de travail du *fait du travailleur* ou d'une *faute lourde* de sa part. À cet effet, un salarié licencié pour motif économique ou pour faute légère ne peut se voir opposer le respect d'une clause de non-concurrence.

461. Les dispositions insérées dans la clause de non-concurrence s'appliquent dès la date de cessation effective des fonctions du salarié dans l'entreprise. Toutefois, rien n'interdit à l'employeur de renoncer à l'application de la clause. En pratique, la mise en œuvre d'une telle renonciation résulte souvent d'une négociation entre l'employeur et le salarié.

462. Si le salarié ne respecte pas la clause de non-concurrence, il peut voir sa responsabilité engagée. Il peut aussi se voir interdire, en référé et sous astreinte, la poursuite de l'activité professionnelle. Par ailleurs, le nouvel employeur qui a embauché un salarié tout en connaissant l'existence d'une clause de non-concurrence le liant à son précédent employeur peut voir sa responsabilité engagée sur le fondement de la concurrence déloyale.

B./La clause de confidentialité

463. Encore appelée *clause de secret* ou *clause de non-divulgation*, la clause de confidentialité est nécessaire aussi bien lors des pourparlers, que pendant ou après l'exécution du contrat. Il convient de présenter son intérêt (**1**) et les écueils à éviter lors de sa rédaction (**2**).

1. L'intérêt de la clause de confidentialité

464. La *clause de confidentialité* permet d'imposer à l'une des parties au contrat le silence autour des informations et renseignements qui lui sont communiqués au cours d'une relation d'affaires. Elle définit les limites de l'utilisation par l'une des parties au contrat des informations confidentielles appartenant à l'autre partie. En pratique, cette clause permet d'empêcher contractuellement l'une des parties de tirer un avantage concurrentiel de l'information qui lui a été transmise.

465. La clause de confidentialité est fréquente dans les contrats liant les professionnels entre eux. Il faut éviter que votre partenaire utilise pour son propre compte ou divulgue à un tiers vos secrets.

Les informations concernées par le sceau de la confidentialité sont de natures diverses. Il peut s'agir des secrets de fabrication, du savoir-faire, des techniques et stratégies utilisées par l'entreprise, etc.

2. Les conseils et écueils à éviter

466. La clause de confidentialité est certes utile, mais si elle est mal rédigée, elle va s'avérer inefficace. Une clause de confidentialité doit être efficace et dissuasive. Il faut donc veiller à la rédaction de son contenu.

467. Une clause de confidentialité peut être rédigée dans des termes très larges, mais elle doit traiter d'un certain nombre de questions. Elle doit indiquer, notamment, la nature et le périmètre des informations couvertes par le secret, les personnes tenues par le secret, la durée du secret[63] et les sanctions encourues en cas de violation du secret.[64]

Il peut arriver que dans le cadre de l'exécution du contrat, le cocontractant soit obligé de faire intervenir ses salariés ou des tiers. Dans ce cas, il est recommandé de prévoir dans la clause de confidentialité que le cocontractant se porte-fort pour eux. En d'autres termes, il doit s'engager à faire respecter la clause

---

[63] En général, la durée du secret post-fin du contrat dépend souvent de la durée de vie des informations inchangées.

[64] Voir supra n° 155 et suivants.

de confidentialité par ses salariés ou ses sous-traitants. Ainsi, il sera responsable en cas de violation de l'obligation de confidentialité par ces derniers.

468. Attention ! Dans certains contrats, comme le contrat de travail, une obligation de discrétion y préfigure. Par conséquent, même si le contrat de travail n'a prévu aucune clause de confidentialité, le salarié reste tenu par une obligation générale de la loyauté. Toutefois, cette obligation de discrétion qui découle de l'obligation de loyauté s'estompe à la rupture du contrat de travail. Il est donc recommandé de matérialiser l'obligation de confidentialité par une clause écrite.

Exemple de clause de confidentialité d'un contrat commercial

Article... : Confidentialité

Toutes les informations, données et documents, de quelque nature que ce soit, que l'une des parties a pu recueillir sur l'autre partie, sous quelque forme que ce soit et notamment oralement, en particulier à l'occasion de réunions et d'entretiens, sont confidentielles.

Chaque partie s'engage, d'une part, à ne pas divulguer, ni à communiquer à quiconque tout ou partie de ces informations confidentielles et, d'autre part, à prendre toutes les mesures nécessaires pour que cette confidentialité soit préservée. Ces mesures ne pourront pas être inférieures à celles prises par elle pour la protection de ses propres informations confidentielles.

Chaque partie, en qualité de bénéficiaire, s'engage à ne faire aucun usage des informations confidentielles dans un but autre que l'exécution du Contrat.

Le CLIENT ne doit en aucune manière porter à la connaissance de tiers, directement ou indirectement, les renseignements qu'il aura pu tirer de l'exécution du présent contrat sur le logiciel et le savoir-faire afférent à celui-ci. Une dérogation à la présente stipulation suppose l'accord écrit préalable du PRESTATAIRE.

Chaque partie s'engage à ne pas revendiquer de droits de propriété industrielle, littéraire ou artistique sur les informations confidentielles et sur les connaissances établies à partir de ces informations confidentielles.

Les documents de toutes sortes fournis par les parties demeurent la propriété de la Partie qui les a fournis. À la fin du présent contrat, quelle qu'en soit la cause, les parties s'engagent à détruire tous documents, pièces ou produits qui leur auront été communiqués par l'autre partie, ou selon le choix de l'autre partie à les lui restituer, sans conserver de copies de ces informations confidentielles, étant toutefois entendu que les parties pourront conserver une unique copie du présent contrat à des fins d'archivage afin d'être en mesure de respecter les obligations qui leur incombent au titre du présent contrat.

Les obligations définies par le présent article resteront en vigueur aussi longtemps que les informations confidentielles ne seront pas tombées dans le domaine public.

CHAPITRE 3 :

LES STIPULATIONS COMMUNES FIGURANT À LA FIN DU CONTRAT

469. Les stipulations finales d'un contrat ne font, souvent, pas l'objet de discussions entre les parties. Lorsque celles-ci décident d'en discuter, c'est à la dernière minute. Or, les stipulations finales comportent des clauses dont l'incidence sur le contrat ne doit pas être négligée, d'où la nécessité de prêter une attention particulière à la négociation et à la rédaction de celles-ci. Le pire piège qui puisse exister, c'est de rédiger tout son contrat et ensuite d'y coller, un peu au hasard, des clauses finales.

470. Les stipulations finales recouvrent plusieurs aspects. Elles ont trait au règlement des différends (**section 1**), à la langue contractuelle (**section 2**), à l'élection de domicile (**section 3**), à l'entrée en vigueur (**section 4**), au nombre d'exemplaires (**section 5**), aux signatures (**section 6**), et aux annexes (**section 7**).

SECTION 1 : LES CLAUSES RELATIVES AU RÈGLEMENT DES DIFFÉRENDS

471. Le recours au tribunal n'est pas la seule solution pour l'entreprise. Les parties peuvent prévoir, dès la signature du contrat, les modes de règlement des différends. Il existe une mosaïque de clauses sur le règlement des différends. On peut les regrouper en trois catégories : les clauses de non-recours (**§ 1**), les clauses visant un traitement non juridictionnel (**§ 2**) ou juridictionnel (**§ 3**) des différends.

§ 1 – Les clauses de non-recours

472. Les clauses de non-recours *expriment une renonciation au droit d'agir en justice sur le fondement ou à l'occasion d'un contrat.* Il convient de présenter la fonction de cette clause (**A**) avant d'envisager les conseils de rédaction (**B**).

A./L'intérêt et la portée de la clause de non-recours

473. Du fait de la liberté contractuelle, les parties ont la possibilité d'insérer dans leur contrat la clause de non-recours qui s'apparente à une *clause exclusive de responsabilité*. Par cette clause, l'une des parties renonce, dès la formation du contrat, à toute action en justice. Elle déclare en faire *son affaire personnelle*, sans aucun recours contre son débiteur.

474. La validité de la clause de non-recours soulève des interrogations. Suivant certaines législations, « *la renonciation à l'appel ne peut être antérieure à la naissance du litige.*[65] » En principe, en procédant par un raisonnement *a fortiori*, on peut dire que si cette renonciation est interdite en appel, elle devrait l'être également en première instance.

Toutefois, ce n'est pas la position de la Cour de cassation française. Elle semble assimiler ces clauses à des clauses exclusives de responsabilité. Dans plusieurs décisions, elle a reconnu la validité d'une telle clause. Dans un arrêt récent, elle a considéré que la renonciation à un droit est un acte unilatéral qui n'exige pas de contreparties réciproques.[66]

B./Les conseils et les écueils à éviter

475. Avant d'insérer la clause de non-recours dans le contrat, il faut s'assurer de son efficacité. En cas de dol ou de faute lourde du débiteur, la clause sera déclarée nulle.

De même, la clause de non-recours est interdite dans certains types de contrats. Il en est ainsi souvent dans les contrats de consommation. Au nom du dirigisme contractuel, le législateur est intervenu pour réglementer certains contrats aux fins de protéger la partie faible.

---

[65] Voir not. : – art. 534 du Code de procédure civile burkinabé. – art. 189 du Code de procédure civile burundais. – art. 562 du Code de procédure civile comorien. – art. 571 du Code de procédure civile, commerciale et sociale malien. – art. 518 du Code de procédure civile nigérien. – art. 557 du Code de procédure civile français. – art. 194 du Code de procédure civile togolais.

[66] Cass. Civ. 1ère, 5 juin 2019, n° 18-16.896 : Pour la Cour de cassation, le renoncement de l'acquéreur dans un contrat de vente est caractérisé dès l'instant où il a manifesté dans équivoque sa volonté de renoncer à agir en responsabilité contre le notaire rédacteur de l'acte pour obtenir réparation du préjudice résultant de l'absence de la mention, dans le promesse de vente, de l'existence d'une servitude.

476. Il est important de veiller à la rédaction de la clause de non-recours. En effet, cette clause qui est censée protéger le débiteur peut également lui être préjudiciable. C'est le cas, notamment, lorsque la clause interdit au débiteur de se retourner contre ses codébiteurs. On retrouve souvent cette interdiction dans le domaine de l'assurance, où l'assureur renonce à son recours subrogatoire contre le responsable.

§ 2 – Les clauses visant un traitement non juridictionnel des différends

477. Ces clauses visent essentiellement à régler par avance certaines difficultés susceptibles d'apparaître au cours de l'exécution du contrat, ou lors de sa cessation. Elles renvoient, essentiellement au règlement amiable (**A**), à la conciliation (**B**), à la médiation (**C**) et à l'arbitrage (**D**).

A./La clause de règlement amiable

478. La procédure de règlement amiable permet aux parties contractantes de rechercher une solution amiable à leur différend, sans avoir à saisir le juge du contrat. Il convient de présenter son intérêt (**1**), avant d'envisager les conseils de rédaction (**2**).

1. L'intérêt de la clause

479. Parfois, mieux vaut un bon accord qu'un mauvais procès. Du fait de la liberté contractuelle, les parties ont la possibilité d'insérer dans leur contrat une clause de règlement amiable. Par cette clause, les parties contractantes s'engagent, préalablement à toute saisine du juge étatique ou arbitral, à se rencontrer pour tenter de régler à l'amiable tout différend qui surviendrait entre elles.

480. La clause de règlement amiable oblige donc les parties à rechercher une solution négociée à leur différend. Par conséquent, elles ne peuvent pas agir en justice avant le terme de la négociation. C'est en cas d'échec de la procédure de négociation que d'autres modes de traitement des différends peuvent entrer en jeu.

Les parties ont l'obligation de négocier de bonne foi. Au risque d'engager leur responsabilité, elles ne doivent pas se livrer à un simulacre de discussion.

481. La clause de règlement amiable présente un intérêt certain. Elle permet aux parties de s'entendre pour résoudre leur différend et par conséquent de ne pas l'officialiser. Elle offre aux parties l'opportunité de régler elles-mêmes leur différend, sans tambour ni trompette. Cela permet de maintenir des relations harmonieuses et de préserver le lien de confiance entre les parties.

2. Les conseils et écueils à éviter

482. La clause de règlement amiable est certes utile. Mais, attention ! Cette clause présente une faiblesse, celle de ne pas permettre à un tiers d'intervenir dans le règlement du différend. Or, l'intervention d'un tiers indépendant peut s'avérer utile, notamment pour apaiser les tensions entre les parties ou pour permettre à celles-ci d'avoir une autre vision de leur différend.

À cet effet, les parties ont intérêt à renforcer l'effectivité de la clause de règlement amiable, notamment par une description claire et précise de la procédure à suivre en cas d'échec de la négociation. Cela peut consister dans un premier temps, avant la saisine du juge, à l'intervention d'un tiers conciliateur ou d'un médiateur. L'intervention de ce tiers permettra d'avoir une vision moins conflictuelle du différend et aidera les parties à trouver une solution à leur différend.

483. C'est une lapalissade, la clause de règlement amiable oblige les parties à négocier de bonne foi. Mais, le risque de dilatoire n'est pas à exclure. Pour s'y prémunir, les parties ont intérêt à limiter la durée des négociations. Il faut en effet éviter qu'une partie qui n'est nullement animée de la volonté de trouver une solution amiable au différend se serve de cette clause pour allonger la procédure.

Exemple de clause de règlement amiable

(Cette clause est renforcée par l'intervention d'un tiers)

Article... : Règlement amiable

En cas de désaccord né de l'exécution ou de l'interprétation du présent contrat, les parties doivent se soumettre dans un premier temps à un règlement à l'amiable.

Pour ce faire, la partie voulant engager cette procédure devra notifier par lettre recommandée, avec avis de réception, sa volonté en laissant un délai de <nombre> jours à l'autre partie et en indiquant les éléments du conflit.

Les parties s'obligent à négocier dans un esprit de loyauté et de bonne foi un accord amiable. Si au terme d'un délai de <nombre> jours, les parties ne parviennent pas à s'entendre, elles désigneront d'un commun accord un expert dans le délai de <nombre> jours à compter de cet échec. À défaut d'accord le Président du Tribunal chargé des affaires commerciales <ville> aura compétence pour désigner l'expert.

L'expert de la procédure amiable devra tenter de concilier les parties dans un délai de <nombre> jours. Le rapport que rédigera l'expert restera confidentiel et ne pourra être utilisé lors d'une procédure judiciaire.

Les parties présentes s'engagent à ne pas utiliser les informations qui auront pu être divulguées lors de la conciliation.

Si la conciliation aboutit, un accord transactionnel et confidentiel sera signé par les deux parties. Si elle échoue, le différend sera soumis à la juridiction compétente.

B./La clause de conciliation

484. Les parties peuvent avoir intérêt (**1**) à prévoir dans leur contrat une clause permettant la recherche d'un accord préalable avant la saisine d'un juge étatique ou d'un arbitre. Cette clause doit être rédigée avec précaution (**2**).

1. L'intérêt de la clause de conciliation

485. La *conciliation* consiste dans l'intervention d'un tiers qui, après avoir écouté les parties et analysé leur point de vue, leur propose une solution pour régler leur différend. C'est une procédure au cours de laquelle les parties à un différend se rencontrent afin de tenter de trouver, *par elles-mêmes, sans* *l'intervention d'un tiers*, un accord pour y remédier. Toutefois, les parties peuvent se faire conseiller dans la procédure.

486. En général, la procédure de conciliation préalable permet aux parties de mettre un terme rapide et définitif à leur différend, ceci à moindre coût. L'accord trouvé par les parties est matérialisé par un acte authentique ou sous-seing privé. Le juge pourra donner force exécutoire à cet accord, afin de respecter la volonté des parties.

487. La clause de conciliation permet d'éviter un contentieux judiciaire, qui est parfois ruineux. La saisine d'un juge au mépris de cette clause aura pour conséquence de déclarer l'action irrecevable. C'est une fin de non-recevoir.

488. Depuis 2003, la Cour de Cassation française a consacré la valeur contractuelle de la clause de conciliation[67]. Elle a affirmé que le non-respect d'une clause de conciliation constitue une fin de non-recevoir devant une juridiction étatique.

Il se déduit de cet arrêt qu'une partie, sauf urgence justifiant une action en référé, est irrecevable à agir devant la juridiction étatique ou arbitrale, sur le fondement du contrat, avant que la procédure de conciliation ou de médiation conventionnelle ait été mise en œuvre. Toutefois, le contrat étant avant tout la loi des parties, les juges ne peuvent soulever d'office cette irrecevabilité. Il revient aux parties d'invoquer cette fin de non-recevoir.

2. Les conseils et écueils de rédaction

489. La présence d'une clause de non-conciliation dans un contrat peut s'avérer contraignante pour les parties. Comme précédemment mentionné, cette clause a pour effet d'éditer une irrecevabilité, d'origine contractuelle, qui peut être soulevée à tout stade de la procédure, c'est-à-dire à tout moment devant les tribunaux.[68] Par conséquent, l'insertion d'une clause de

---

[67] Cass. Com. Ch. Mixte, 14 février 2003, Bull. Civ. n°1, D. 2003, p. 1386, P. ANCEL et M. COTTIN et som. 2480, T. CLAY.

[68] Voir not. : – Burkina Faso : art. 146 *C. proc. civ.* – Comores : art. 124 *C. proc. civ.* – Mali : art. 119 du Code de procédure civile, commerciale et sociale. – Niger : art. 140 *C. proc. civ.* – France : art. 123 *C. proc. civ.* – Togo : art. 30 *C. proc. civ. Adde* : Cour de Cassation, 22 février 2005, Ch. Mixte, 14 février 2003, D. 2003, p. 1386, P. ANCEL et M. COTTIN, som. 2480, T. CLAY.; Civ. 2e, 9 novembre 2006, pourvoi n° 05-19-443 ; Civ. 1ère, 1er octobre 2014, Bull. civ. n° 157.

conciliation dans un contrat doit être mûrement réfléchie. Les parties doivent au préalable s'assurer de son *efficacité* et de son *opportunité.*

490. La prudence s'impose dans la rédaction de la clause de conciliation. D'abord, il faut *stipuler clairement le caractère obligatoire de la tentative préalable de conciliation.*

Ensuite, pour décourager les manœuvres dilatoires visant à soulever l'irrecevabilité, la clause doit *organiser les conditions de mise en œuvre de la conciliation.* Il est recommandé d'encadrer les modalités de conciliation, en indiquant, par exemple, le processus de conciliation, le délai de conciliation. Dans tous les cas, il faut veiller à la bonne rédaction de cette clause en la purgeant de tout risque d'irrecevabilité.

C./La clause de médiation

491. La médiation est consacrée par l'Acte uniforme sur la médiation (AUM), adopté à Conakry le 23 novembre 2017.[69] Il convient de présenter l'utilité d'une clause de médiation dans un contrat (**1**) avant d'envisager les conseils de rédaction (**2**).

1. L'objet et l'utilité de la médiation

492. Les séparations orageuses laissent toujours des séquelles. Les parties ont souvent intérêt à reporter leur confiance sur un tiers qui les aidera à trouver une solution à leur différend. Elles peuvent opter pour la médiation qui est un mode volontaire et non juridictionnel de règlement des différends.

493. La *médiation* consiste à accompagner dans la réflexion les parties à un différend, pour leur permettre de *le résoudre elles-mêmes* de manière pacifique, sans soumission ni contrainte (art. 7 AUM). Toutefois, le médiateur peut, à tout stade de la médiation, en fonction des demandes des parties et des techniques qu'il estime les plus appropriées au vu des circonstances du différend, faire des propositions en vue du règlement du différend.

---

[69] Michael W. BÜHLER et Anne-Sophie GIDOIN, « Le 10ème Acte Uniforme de l'OHADA sur la médiation », *Lexbase* n° 13, juil. 2018, 13 p. Moussa SAMB, « À propos de la résurgence de la médiation comme mode alternatif de résolution des conflits sociaux en Afrique », *Penant,* n° 894, jan. - mars 2016, p. 11 et s.

La procédure de médiation offre aux parties la possibilité de dialoguer et de se retirer en cours de médiation. Elle se fonde sur l'art du langage pour permettre la création ou recréation de lien entre des personnes en conflit.

494. En plus d'être une démarche commune, la médiation a l'avantage d'être rapide, confidentielle, moins coûteuse et souple. Comparativement au recours traditionnel devant les tribunaux, la médiation, à l'instar de la conciliation, met les parties à l'abri de la lenteur des procédures judiciaires. En effet, il revient à celles-ci d'établir en concertation avec le médiateur, le rythme des rencontres et l'échéance de la médiation.

Une médiation peut donc se dérouler en quelques semaines, voire quelques jours, ce qui n'est pas le cas d'une action judiciaire qui nécessite un temps relativement plus long en fonction de la nature du différend. Au-delà de cette lenteur, les parties doivent débourser des sommes relativement plus importantes qu'en matière de médiation ou de conciliation, notamment pour payer les frais d'enrôlement du dossier, de significations des différents actes de procédure, etc.

495. Enfin, dans une instance de médiation ou de conciliation, seuls les parties en cause et le médiateur ont connaissance des faits entourant le différend, du déroulement des séances et de l'issue de la médiation. La procédure de médiation, tout comme de conciliation, a donc un caractère confidentiel, ce qui est un avantage non négligeable, surtout dans le domaine des affaires.

2. Les conseils et écueils de rédaction

496. Au moment de la rédaction de la clause de médiation, les parties disposent d'une alternative. Elles ont le choix entre une structure institutionnelle disposant de son propre mode de fonctionnement et d'une liste préétablie de médiateurs et une médiation ad hoc (art. 1er AUM).

Le recours à un centre de médiation offre aux parties plus de visibilité dans le déroulement du processus de médiation, car ce processus est déterminé par un règlement auquel elles adhèrent. Par contre, si les parties optent pour une médiation ad hoc, il leur revient de définir les modalités de déroulement du processus de médiation.

497. Les parties doivent déterminer les règles de procédure, les modalités de désignation du médiateur, ses honoraires, le lieu de la médiation, sa durée, etc. Cela peut se faire à travers un protocole de mission qui doit être rédigé avec minutie.

Sur ce point, il convient de rappeler que le médiateur ne travaille pas gratuitement. Pour éviter que la question de ses honoraires envenime la situation, le protocole de mission doit préciser les modalités financières de son intervention (partage des frais d'honoraires par exemple entre les parties).

Exemple de clause de médiation

Article... : Médiation

Les différends qui viendraient à se produire à propos de la validité, de l'interprétation ou de l'exécution du présent contrat, seront soumis obligatoirement à la médiation, et ce, avant d'engager quelque procédure en arbitrage ou devant les tribunaux étatiques.

La partie qui souhaite mettre en œuvre le processus de médiation doit en informer l'autre partie par lettre recommandée avec accusé de réception en indiquant les éléments du conflit et en proposant le cas échéant le nom d'un médiateur. Si les parties ne parviennent pas à s'entendre sur le nom d'un médiateur ou si ce dernier n'accepte pas sa mission dans un délai de *<nombre>* jours à compter de sa saisine, la partie la plus diligente peut saisir le juge des référés afin que celui-ci désigne un médiateur.

La médiation débutera au plus tard *<nombre>* jours à compter de l'acceptation de sa mission par le médiateur (ou à compter de la date de la première rencontre ou encore dès la consignation des honoraires du médiateur) et la durée de la médiation ne peut excéder *<nombre>* jours, sauf accord exprès des parties.

Les honoraires et débours du médiateur se partageront en parts égales entre les parties à la médiation.

En cas d'échec de la médiation, le différend sera résolu par voie d'arbitrage, conformément au règlement de *<nom du centre d'arbitrage>* auquel les parties déclarent adhérer. *Ou* (En cas d'échec de la médiation, le différend sera tranché par le tribunal de *<nom du tribunal compétent>*, saisi à la requête de la partie la plus diligente.)

D./La clause compromissoire

498. Au lieu d'aller devant les juridictions étatiques, les parties peuvent, par une clause du contrat, s'engager à saisir un arbitre en cas de différend sur l'interprétation ou l'exécution de leur contrat. Il convient de présenter l'intérêt de cette clause (**1**) et les précautions à prendre pour garantir son efficacité[70] (**2**).

1. L'intérêt et la portée de la clause

499. Dans des pays où la justice n'est pas fiable, il faut éviter de se faire juger sur place. L'arbitrage est la solution.

500. L'arbitrage est un mode consensuel de règlement des différends commerciaux fréquemment utilisé sur la scène internationale. Il n'est possible que lorsque les parties en litiges décident contractuellement de recourir à la justice privée pour échapper au juge étatique.

501. Les parties recourent à ce mode de règlement des différends qu'est l'arbitrage parce qu'il présente deux avantages fondamentaux : la *confidentialité* et la *rapidité*. Cependant, l'arbitrage présente cet inconvénient majeur d'avoir un coût relativement élevé. Il est donc plutôt adapté à des affaires importantes. Par conséquent, il est souhaitable de n'y recourir que pour des litiges d'un montant élevé.

502. Le recours à l'arbitrage doit être prévu par une clause compromissoire dans le contrat. Elle prévoit dans le contrat que les litiges seront réglés par un tribunal arbitral privé. « *La clause compromissoire est à prévoir quand on s'aime, avant le mariage. Quand les assiettes volent, il est trop tard !* » Par conséquent, les parties doivent se mettre d'accord sur l'arbitrage au moment de signer le contrat.

Certes, l'arbitrage peut également découler d'un compromis d'arbitrage. Mais, il est peu probable d'envisager la signature d'un compromis d'arbitrage quand le litige est déjà né.

Il convient de préciser que, depuis *l'arrêt GOSSET du 7 mai 1963*[71], le principe de l'autonomie de la clause compromissoire par rapport au contrat principal a été posé. En conséquence, la nullité du contrat de base n'entraîne pas la nullité de la clause compromissoire (*art. 4 AUDA*). C'est compréhensible, si on a un

---

[70] Voir les dispositions de l'Acte Uniforme relatif au droit de l'arbitrage

[71] Cass. Civ. 1ère, *Gosset c. Carapelli,* Rev. arb. 1963, p. 60 ou JDI 1964, p. 82.

contrat nul, il faut bien quelqu'un pour le constater. Or les parties voulaient l'arbitrage, l'arbitre pourra constater la nullité.

503. Les parties peuvent opter pour un *arbitrage institutionnel* ou un *arbitrage ad hoc.* L'arbitrage institutionnel est régi par un organisme professionnel, à l'instar de la Cour Commune de Justice et d'Arbitrage de l'OHADA, la Cour internationale d'arbitrage de la Chambre de Commerce Internationale de Paris. Ces organismes ont l'avantage de disposer de leur propre règlement de procédure. Souvent, ils proposent des clauses-types à insérer dans les contrats, mais ces clauses doivent être manipulées avec beaucoup de prudence.

Si les parties optent pour un arbitrage ad hoc, elles doivent définir les règles de procédure, désigner les arbitres et le lieu de l'arbitrage. Contrairement au mode d'arbitrage précédent, les parties ne sont assistées d'aucune institution.

2. Les conseils et écueils de rédaction

504. La rédaction d'une clause d'arbitrage demande beaucoup de vigilance. Dans ce domaine, comme pour la plupart des clauses contractuelles, il n'existe pas de clause-type ou de clause passe-partout. Les parties doivent rédiger la clause d'arbitrage en tenant compte de l'incidence que son contenu peut avoir sur l'ensemble du contrat.

Il ne suffit pas d'avoir une clause d'arbitrage valide, il faut également s'assurer de son efficacité. Une clause d'arbitrage peut parfois paraître avantageuse, mais elle a souvent un coût élevé. À cet effet, il faut s'assurer que votre entreprise pourra suivre.

505. Le coût élevé de l'arbitrage n'est pas une fatalité, les parties ont la possibilité de le limiter. Elles peuvent, par exemple, prévoir dans la clause d'arbitrage que, en deçà d'un certain montant, le tribunal arbitral statuera sur pièces et pourra, s'il y a lieu, compléter l'instruction par voie de questionnaire adressé aux parties. Cette formule permet de faire des économies en frais de déplacement et d'avocats.

506. Dans la même optique, et toujours pour minimiser les coûts, les parties peuvent extirper du champ d'application de la clause d'arbitrage les matières pour lesquelles l'arbitrage n'est pas indispensable. Pour ces matières, elles peuvent prévoir un règlement amiable ou même le recours aux tribunaux.

Mais attention ! Cette forme de « dépeçage » est à manier avec précaution. En effet, cette délimitation peut contribuer à retarder la procédure d'arbitrage. Elle peut aussi entraîner l'annulation de la sentence arbitrale si l'arbitre statue sur des questions qui ne relèvent pas de sa compétence.

507. En tout état de cause, une clause d'arbitrage devrait comporter certaines précisions qui sont essentielles pour assurer son efficacité. Ces précisions portent sur :

- le droit applicable, le lieu et la langue de l'arbitrage. La neutralité est un élément important dans le choix du lieu de l'arbitrage, cela donne aux parties un sentiment d'équité car elles se retrouvent en territoire étranger, supportent en général les mêmes frais, d'avion et d'hôtel par exemple. Cette neutralité peut également concerner le choix du droit applicable si les parties veulent éviter l'immixtion de leur droit national dans le processus d'arbitrage.

  Les parties doivent également accorder une attention particulière dans le choix du droit qui régira l'arbitrage. Dans un contrat de vente internationale, par exemple, le choix du droit OHADA n'est pas nécessairement le meilleur choix pour le vendeur professionnel, notamment en ce qui concerne les questions de responsabilité.
- Le nombre d'arbitres, leur qualité, le ou les délais pour désigner un arbitre, la méthode de désignation, les connaissances spécifiques que devra posséder l'arbitre. Les parties doivent s'assurer que l'arbitre choisi a une connaissance suffisante de la langue de l'arbitrage et du domaine sur lequel porte l'arbitrage.
- La nature des litiges soumis à l'arbitrage (pas forcément tous...).

508. L'arbitrage connaît toutefois des limites. Quand la sentence est rendue, la partie perdante n'a pas l'obligation d'exécuter la décision. En cas de mauvaise volonté, il faut donc demander un exequatur au tribunal de grande instance de son pays.

L'exequatur est la procédure judiciaire rendant applicable la sentence prononcée dans un pays, dans un autre pays, à partir d'accords internationaux. Si l'exequatur des sentences OHADA ne pose *a priori* aucun problème, tel n'est pas le cas des sentences hors droit OHADA, c'est-à-dire des sentences arbitrales rendues dans un État membre selon des règles autres que celles de l'OHADA ou celles rendues dans un État non membre de l'OHADA selon des règles autres que celles de l'OHADA[72].

Suivant les dispositions de l'article 34 de l'Acte uniforme relatif au droit de l'arbitrage, les sentences étrangères à l'espace OHADA ou rendues sur le fondement de règles différentes de celles prévues dans l'Acte uniforme seront soumises à deux régimes bien distincts pour l'obtention de l'exequatur dans l'espace OHADA. Ainsi, dans les États membres où il n'existerait aucune disposition conventionnelle applicable à l'exequatur des sentences, l'exequatur ne pourra être obtenu (*art. 31 AUDA*). Dans les États membres où il existerait de telles dispositions conventionnelles, les sentences seraient soumises aux conditions prévues par ces dispositions en matière de reconnaissance et d'exequatur des sentences.

Par conséquent, pour l'arbitrage hors droit OHADA, il est prudent de s'assurer que la sentence qui sera rendue sera reconnue et exécutée. Sur les dix-sept États actuellement membres de l'OHADA, douze sont parties à la Convention de New York du 10 juin 1958 sur la reconnaissance et l'exécution des sentences arbitrales[73].

Exemple de clause d'arbitrage

Article... : Arbitrage

Tout différend relatif à la validité, l'interprétation ou l'exécution du présent Contrat sera tranché définitivement suivant le Règlement d'arbitrage de la Cour Commune de Justice et d'Arbitrage de l'OHADA, en vigueur à la date d'introduction de la procédure d'arbitrage, par un ou plusieurs arbitres nommés conformément à ce règlement.

La Partie qui désirera recourir à l'arbitrage informera par lettre recommandée l'autre Partie. L'arbitrage aura lieu à

[72] Voir not. H-J. TAGUM FOMBENO, « Regard critique sur le droit de l'arbitrage OHADA », Juriscope, Revue de l'Actualité juridique, Poitiers, juillet 2003. – Cour d'appel d'Abidjan, arrêt n° 486 du 20 avril 2004, *société PRODEXI c/ société RAIMOND COMMODITIES INC*, Actualités juridiques, n° 48/2005, p. 126, note KOMOIN François.

[73] Bénin, Burkina Faso, Cameroun, Centrafrique, Comores, Côte d'Ivoire, Gabon, Guinée, Mali, Niger, RDC, Sénégal.

Yaoundé (Cameroun). Le droit français sera applicable et la langue d'arbitrage sera le français.

La présente clause d'arbitrage restera valable même en cas de nullité, de résiliation, d'annulation ou d'expiration du présent Contrat. Le fait par l'une des Parties d'intenter une procédure contre l'autre Partie ne pourra, par lui-même, suspendre ses obligations contractuelles telles qu'elles résultent du présent Contrat.

La signature de la présente clause d'arbitrage vaut renonciation par accord exprès des Parties à toute immunité de juridiction et d'exécution dont elles pourraient se prévaloir.

§ 3 – Les clauses visant un traitement juridictionnel

509. La voie juridictionnelle est généralement longue, mais elle est souvent imposée aux parties. Toutefois, celles-ci peuvent négocier une clause de juridiction (**A**) ou de prescription (**B**).

A./La clause attributive de compétence

510. Les parties peuvent avoir intérêt à insérer dans leur contrat une clause attributive de compétence (**1**), dont la validité nécessite des précautions de rédaction (**2**).

1. L'intérêt et la portée de la clause

511. Encore appelée *clause attributive de juridiction*, la *clause attributive de compétence* permet aux parties de prévoir par avance, dans le contrat, quel tribunal sera compétent pour statuer sur un litige survenant par rapport au contrat. Il existe deux types de clauses : les clauses attributives de compétence territoriale et les clauses attributives de compétence matérielle.

512. La clause attributive de compétence territoriale permet aux parties de définir *le lieu de la juridiction compétente* afin de traiter un litige entre elles. La portée de cette clause est très limitée, car même si elle est admise entre commerçants, elle doit être stipulée dans le contrat.

513. La clause attributive de compétence matérielle permet aux parties de prévoir par avance *quel type de juridiction*, civile ou commerciale, sera compétente en cas de litige entre elles. Le choix du type de juridiction dépend de la qualité des parties. Il est obligatoirement civil si l'une des parties n'est pas commerçant. Si les deux parties sont des commerçants, elles sont libres de décider du tribunal compétent.

Cette clause présente *un intérêt stratégique* pour les parties car les règles applicables devant ces juridictions sont différentes. Une juridiction commerciale appliquera les règles commerciales alors qu'une juridiction civile appliquera les règles de droit commun, ce qui n'est pas sans incidence sur les relations contractuelles.

À titre d'exemple, en matière commerciale, la preuve peut être apportée par tout moyen ce qui n'est pas le cas en matière civile où la preuve littérale est exigée à partir d'un certain montant. Il en est de même en matière de prescription dont le délai varie suivant qu'on est en matière commerciale ou civile.

En pratique, cette clause peut permettre à une entreprise qui a plusieurs succursales de centraliser tous ses litiges en un lieu unique, le tribunal du lieu du siège social, par exemple.

2. Les conseils et écueils de rédaction

514. La clause attributive de juridiction n'est en principe valable que dans les contrats passés entre commerçants. Même si cette clause peut être insérée dans un contrat impliquant un commerçant et un consommateur, il convient de signaler qu'elle sera considérée comme abusive si elle engendre un déséquilibre de droits et obligations à l'égard du consommateur.

Ainsi, sera considérée comme abusive une clause qui, dans un contrat conclu entre un consommateur et un commerçant, attribue expressément compétence à un juge ou à un tribunal *autre que celui qui correspond au domicile du consommateur ou au lieu d'exécution de l'obligation.* Le consommateur ne saurait être tributaire du lieu indiqué dans le contrat en cas de litige.

515. *Attention* ! Le choix de la juridiction à travers la clause de juridiction a incontestablement des conséquences sur la loi qui s'appliquera. Ce choix doit donc être opéré en tenant compte de cet aspect, surtout dans un contrat international. Dans un contrat de vente, par exemple, le choix d'un tribunal français n'est pas forcément le meilleur choix, notamment pour les biens d'équipement.

De même, stratégiquement, il peut être indiqué d'éviter de se faire juger dans une ville où votre partenaire est, par exemple, citoyen d'honneur. À l'international, comme précédemment expliqué[74], le choix de la juridiction compétente doit se faire en tenant compte la loi applicable au contrat. À défaut, le juge saisi peut, en cas de litige, se déclarer incompétent au motif qu'il ne connaît pas la loi étrangère applicable au contrat.

Exemple de clause d'attribution de compétence

> **Article... : Juridiction**
>
> Tous les litiges auxquels le présent contrat pourra donner lieu tant pour sa validité que pour son interprétation, son exécution ou sa résiliation sera de la compétence exclusive du Tribunal de Commerce de <ville>, même en cas de pluralité de défendeurs ou d'appel en garantie.

B./La clause de prescription

516. La clause de prescription peut s'avérer utile dans un contrat. Il convient de présenter l'objet et l'intérêt (**1**) de cette clause, avant d'envisager les conseils de rédaction (**2**).

1. L'objet et l'intérêt de la clause

517. La prescription, qui peut être acquisitive ou extinctive[75], se définit comme la consolidation d'une situation juridique par l'écoulement d'un certain délai. La clause de prescription permet, dans une certaine mesure, d'aménager de manière conventionnelle le délai de prescription.

518. Suivant l'article 29 de l'Acte uniforme révisé portant sur le droit commercial général, il est possible de modifier de manière conventionnelle la durée de la prescription. Il ressort de cet article que : « *La durée de la prescription peut être abrégée ou allongée par accord des parties. Elle ne peut toutefois être réduite à moins d'un an ni étendue à plus de dix ans* ». Suivant cette disposition, la durée de prescription doit être comprise

---

[74] Voir supra n° 306 et suivants.

[75] La prescription acquisitive ou usucapion est un moyen d'acquérir un bien ou un droit, après l'écoulement d'un délai durant lequel on a exercé de fait ce droit. La prescription extinctive est un mode d'extinction d'un droit résultant de l'inaction prolongée du titulaire. C'est une prescription libératoire.

entre un et dix ans. Par conséquent, les parties ont la possibilité de choisir la durée de prescription qui s'appliquera à leur contrat, en veillant à ne pas sortir du cadrage d'un à dix ans.

519. Les parties peuvent avoir intérêt à insérer dans leur contrat une clause qui allonge ou réduit le délai de prescription. L'intérêt d'une telle clause est évident. Elle peut permettre à l'une des parties au contrat de se libérer plus rapidement de ses engagements.

2. Les conseils et écueils de rédaction

520. La possibilité offerte aux parties d'insérer dans leur contrat une clause de prescription est bornée. Elles ne peuvent allonger le délai de prescription au-delà du délai légal.

521. La liberté contractuelle a des limites. Dans le souci de protection du consommateur, la clause de prescription n'est, en principe, valable que dans les relations entre professionnels. Il n'est donc pas possible d'aménager le délai de prescription dans une relation contractuelle impliquant un professionnel et un consommateur.

522. Enfin, même si les textes ne semblent pas le préciser, la partie qui sollicite l'aménagement du délai contractuel ne doit pas avoir un comportement dolosif. Un comportement dolosif du contractant pourra conduire à ne pas appliquer la clause de prescription.

SECTION 2 : LA LANGUE DU CONTRAT

523. Face aux spécificités des droits nationaux et à leur incidence sur la bonne exécution des contrats (**§ 1**), il est primordial, surtout dans un contrat international, de bien choisir la langue contractuelle (**§ 2**).

§ 1 – L'intérêt du choix de la langue

524. Le choix de la langue du contrat est un acte important, il n'est jamais innocent. Si dans certains pays, la loi impose pour des raisons politico-administratives l'utilisation de la langue officielle pour certains types de contrats[76], il reste que ce choix est en grande partie dicté par des raisons pratiques.

Le choix peut être dicté par des raisons d'ordre économique. Pour une petite entreprise qui compte procéder à une levée de fonds auprès des partenaires anglophones, par exemple, il va de soi qu'elle va rédiger ses contrats en anglais pour faciliter leur exploitation par ces partenaires.

525. Dans la procédure d'arbitrage, par exemple, la langue revêt une importance particulière en cas de différend. L'article 16 du règlement d'arbitrage de la CCI[77] dispose qu'à défaut d'accord entre les parties, « *le tribunal arbitral fixe la ou les langues de la procédure arbitrale, en tenant compte de toutes les circonstances pertinentes, y compris la langue du contrat* ». Il en est de même de l'article 15 du règlement de la Cour commune de justice et d'arbitrage de l'OHADA et de l'article 23 du règlement d'arbitrage de la Chambre de commerce de Stockholm.

Il peut aussi arriver que les parties ne s'entendent pas sur le choix d'une langue unique et décident de rédiger leur contrat en deux versions, l'une française et l'autre anglaise, par exemple. Dans ce cas, il faut préciser la version du contrat qui fera foi en cas de contradiction entre les deux versions. Si les deux versions doivent faire foi, il faut veiller à ce que la traduction se fasse par un traducteur assermenté qui pourra engager sa responsabilité en cas de problème.

§ 2 – Les conseils et écueils à éviter

526. Le choix de la langue du contrat doit tenir compte d'un certain nombre de paramètres, notamment le lieu d'exécution du contrat et le droit applicable au contrat. Par ailleurs, la langue de négociation n'est pas nécessairement celle de la rédaction du contrat.

S'agissant du lieu d'exécution, les parties ont intérêt à rédiger leur contrat dans une langue qui est celle de la partie qui sera chargée de son exécution. À défaut, les personnes qui seront chargées de mettre en œuvre le contrat, s'ils pourront en

---

[76] Dans un souci de la protection du consommateur, certains États exigent que la langue du contrat soit la langue nationale. Il en est ainsi au Sénégal ou en France où les contrats de travail doivent être rédigés en langue française.
[77] Cour internationale d'arbitrage de la Chambre de Commerce Internationale de Paris

comprendre éventuellement le sens général, n'en donneront pas une application rigoureuse conforme à la volonté des parties.

Concernant le droit applicable, il s'agit de réaliser la meilleure adéquation possible entre la règle et l'expression de la règle en choisissant comme langue du contrat, la langue du pays dont le droit est aussi désigné pour régir le contrat. Ceci permet notamment de limiter les risques juridiques liés à l'interprétation du contrat.

527. La clause de langue peut revêtir plusieurs formes, suivant l'objectif visé.

Exemples de clause sur la langue contractuelle

Exemple 1 *(les deux versions du contrat font foi)*

> **Article... : Langue du contrat**
>
> Le présent contrat a été établi en deux (02) versions, à savoir en langue française et en langue anglaise, signés par les deux parties, et ayant égale valeur. En cas de divergence d'interprétation entre les deux versions, le texte français prévaudra.
>
> Toutes correspondances, notifications, plans et dessins, spécifications techniques et descriptifs, et généralement tous documents et toutes communications requis par les présentes, seront en langue française.

Exemple 2 *(seule une des versions du contrat fait foi)*

> **Article... : Langue du contrat**
>
> Le présent contrat est établi en deux versions originales, française et anglaise, seule la version française faisant foi.
>
> Toutes correspondances, notifications, plans et dessins, spécifications techniques et descriptifs, et généralement tous documents et toutes communications requis par les présentes, seront en langue française.

SECTION 3 : LA CLAUSE D'ÉLECTION DE DOMICILE

528. Le domicile est le lieu où une personne possède son principal établissement[78]. L'*élection de domicile* est le choix d'un lieu par une personne pour les besoins de l'exécution d'un contrat ou d'une procédure. Il convient de présenter l'intérêt de cette clause (**§ 1**) et son régime (**§ 2**).

§ 1 – L'intérêt de la clause d'élection de domicile

529. La clause d'élection de domicile permet aux parties à un contrat de choisir un lieu qui n'est pas obligatoirement le domicile réel, mais qui sera considéré comme tel pour les besoins de l'exécution du contrat ou d'une procédure.

Ainsi, pour les besoins de l'exécution d'un contrat, une partie peut choisir une adresse différente de celle de son domicile réel, pour recevoir les significations, demandes et correspondances diverses relatives au contrat. Les parties doivent mentionner l'adresse choisie sur tous les actes concernant le contrat.

530. La clause de l'élection de domicile est particulièrement recommandée lorsque l'un des contractants habite en un lieu éloigné et, *a fortiori*, à l'étranger. Elle est également recommandée lorsque l'entreprise dispose plusieurs succursales, afin que les notifications ou les significations lui parviennent à son siège social où sont, en principe, basés les principaux services.

§ 2 – Le régime de la clause d'élection de domicile

531. La validité de la clause d'élection de domicile est soumise à certaines conditions. Elle doit figurer dans le contrat, donc être acceptée par l'autre partie au contrat pour s'imposer à elle. Elle ne peut être modifiée unilatéralement, même en cas de déménagement.

532. La clause d'élection de domicile *peut être assimilée à une clause attributive de compétence.* Une clause d'élection de domicile comportant attribution de juridiction, conclue entre deux sociétés commerciales, est valable dès lors qu'elle a figuré au contrat de manière apparente, et qu'elle a été stipulée dans

---

[78] Voir les articles 12 et suivants du Code de la Famille du Sénégal et 102 et suivants du Code Civil français.

l'intérêt commun des parties.[79] Par conséquent, il faut être vigilant dans sa rédaction.

Exemple de clause relative à l'élection de domicile

Article... : Élection de domicile

Pour l'exécution du présent contrat, les parties élisent domicile en leurs adresses respectives ci-dessous précisées :...............................

Toutes les correspondances officielles échangées par les Parties en application du présent Contrat devront être envoyées aux adresses suivantes ou à toute nouvelle adresse notifiée par écrit par la Partie concernée à l'autre Partie.

Toute notification requise ou autorisée en vertu du présent Contrat devra être effectuée par écrit et envoyée aux adresses indiquées au présent article, soit par lettre recommandée ou remise par porteur spécial, avec accusé de réception, soit par télécopie confirmée par lettre recommandée ou remise par porteur spécial avec accusé de réception.

Toute notification effectuée par lettre recommandée ou remise par porteur spécial sera réputée avoir été reçue au plus tard cinq (5) jours après sa date d'expédition ; toute notification effectuée par télécopie sera réputée avoir été reçue vingt-quatre (24) heures après l'émission, sous réserve de la justification de la preuve de son envoi et de sa réception par le destinataire.

En cas de changement d'adresse, la partie concernée fera connaître par écrit, sous quinzaine, sa nouvelle adresse à l'autre partie.

---

[79] Voir jurisprudence française : Cass. civ. 2ème, 1er juin 2017, n° 16-18.739. Si les parties souhaitent prévoir la possibilité d'une renonciation à la clause attributive de juridiction au profit d'une partie, il convient de mentionner que la clause est stipulée dans l'intérêt exclusif de cette partie.

SECTION 4 : L'ENTRÉE EN VIGUEUR

533. L'entrée en vigueur marque le début de l'exécution des obligations contractuelles. Il revient aux parties de convenir dans le contrat de ce moment essentiel (**§ 1**) tout en veillant à éviter les écueils au moment de sa rédaction (**§ 2**).

§ 1 – L'utilité de la clause d'entrée en vigueur

534. Les parties disposent d'un choix pour l'entrée en vigueur de leur contrat. Le choix de la date d'entrée en vigueur, qui est dicté par des considérations pratiques, peut être celle de la date de signature du contrat, tout comme elle peut être différée ou fixée à une date antérieure.

535. En général, la date d'entrée en vigueur du contrat est celle de sa signature. Ainsi, il est fréquent de rencontrer dans les contrats cette formule : « *Le présent contrat entre en vigueur à compter de sa date de signature par les parties.* »

536. Les parties à un contrat ont également la possibilité de prévoir explicitement une entrée en vigueur rétroactive. Cette situation se présente lorsque les parties, qui entretiennent déjà des relations contractuelles, décident de matérialiser celles-ci par un contrat écrit. En réalité, il s'agit d'un contrat dit de « *régularisation* ».

537. Les parties ont aussi la possibilité de subordonner l'exécution du contrat à une condition suspensive ou résolutoire.

La condition suspensive est un événement futur et incertain qui suspend la naissance des obligations découlant du contrat. Dans ce cas, le contrat est signé mais les parties attendent que la condition se réalise pour l'exécuter. Il en est ainsi, par exemple, d'un contrat de vente d'immeuble dont l'entrée en vigueur est subordonnée à la condition suspensive de l'obtention d'un prêt.

La condition résolutoire constitue un événement futur et incertain qui affecte rétroactivement les conventions passées. Le contrat peut être affecté d'une condition résolutoire. Dans ce cas, le contrat existe bel et bien et produit ses effets, *mais la survenance de l'événement efface rétroactivement les obligations contractées* et remet les parties dans l'état antérieur comme s'il n'y avait pas eu de contrat.

Il en est ainsi, par exemple, d'une donation faite sous condition résolutoire que le bénéficiaire ne meurt pas avant la donation. Si le bénéficiaire meurt, la condition résolutoire est accomplie et par conséquent la donation est résolue.

§ 2 – Les conseils et écueils à éviter

538. Lorsque la date d'entrée en vigueur est celle de la signature du contrat, les parties doivent veiller à dater le contrat, à défaut il n'entrera pas en vigueur. Pris dans l'euphorie de la cérémonie de signature, il arrive souvent que les parties oublient de dater leur contrat. Le problème se pose lorsque les parties sont situées chacun de l'autre bout du monde, il faut engager de nouveaux frais. Par ailleurs, si l'une des parties est de mauvaise foi, elle peut chercher à revenir sur ses engagements.

539. Lorsque les parties passent un contrat sous condition suspensive, l'obtention d'un prêt par exemple, le contrat existe, mais les obligations qui en découlent ne sont pas exigibles. Par conséquent, une partie ne peut pas décider de le rompre unilatéralement. Au contraire, pendant cette période, les parties doivent tout mettre en œuvre pour que cette condition se réalise.

Dans l'exemple précédent, il incombe à l'acquéreur sous condition suspensive de l'obtention d'un prêt de rapporter la preuve des diligences concrètes, complètes et loyales qu'il a accomplies en vue de l'obtention de ce prêt. L'acquéreur qui n'établit pas avoir fait des démarches auprès des banques ou établissements assimilés, comme il s'y était contractuellement engagé, n'a pas exécuté de bonne foi le contrat. En dépit de cette obligation de bonne foi, *il est prudent de prévoir expressément une obligation de diligence pour la partie qui est tenue de réaliser les démarches nécessaires* afin que la condition se réalise.

540. Une condition suspensive entraîne toujours une période d'incertitude. Les parties ont donc intérêt à limiter cette période, en fixant un délai au-delà duquel si la condition ne se réalise pas, le contrat sera caduc. En l'absence de stipulation sur ce délai, il reviendra au juge ou à l'arbitrage saisi, en cas de différend, de déterminer ce délai.

541. La caducité du contrat ne doit pas être liée à la défaillance d'une des parties. Dans ce cas, celle-ci engagera sa responsabilité.

SECTION 5 : LES ANNEXES

542. En matière contractuelle, l'annexe se définit comme *un document qui est lié ou joint à l'acte principal.* Il convient de préciser l'utilité des annexes (**§ 1**), avant d'indiquer les précautions à observer dans leur organisation (**§ 2**).

§ 1 – L'utilité des annexes

543. Dans la rédaction d'un contrat, les annexes sont parfois indispensables. Elles permettent notamment d'alléger le contrat en évacuant certains aspects.

Ainsi, les annexes permettent de décrire tous les détails qui ne sont pas dans le corps principal : annexe technique, financière, etc.

544. Pour éviter les risques de contradiction, les parties peuvent avoir intérêt à organiser la hiérarchie des annexes. Il en est ainsi dans certains contrats complexes qui comprennent, par exemple, la vente, les prestations d'ingénierie, les prestations de service, etc. Dans ces contrats, les parties doivent établir un ordre de priorité dans la valeur à donner aux divers documents contractuels. Il s'agit de définir la force juridique de chaque document par rapport aux autres. Cela permet d'éviter des soucis d'interprétation.

§ 2 – L'organisation des annexes

545. Les annexes n'ont de valeur juridique qu'à la double condition que le contrat y fasse référence et qu'elles soient effectivement annexées. En d'autres termes, l'autre partie contractante doit savoir qu'elles font partie du contrat.

À cet effet, les renvois aux annexes sont donc indispensables et doivent figurer dans le corps du contrat. En général, celles-ci sont identifiées tout au long du contrat et se retrouvent à la fin de celui-ci, dans l'ordre selon lequel elles ont été présentées (exemple : annexes I, II, III...). Il est également conseillé de mentionner que ces annexes font partie intégrante du contrat.

Par ailleurs, pour assurer la cohérence des annexes, plusieurs précautions s'imposent. D'abord, le contrat n'est pas un fourre-tout. Tous les documents, notamment ceux réalisés en phase précontractuelle, ne peuvent être annexés au contrat. Les parties doivent sélectionner les documents les plus pertinents au moment de la conclusion de l'accord.

Exemples de clauses relatives aux annexes

***Exemple** 1 (sans ordre de priorité des annexes)*

Article... : Annexes

Sont annexés au présent contrat et en font partie intégrante, les documents suivants :

- annexe I :......................
- annexe II :...................
- annexe III :...................

***Exemple 2** (avec ordre de priorité des annexes)*

Article... : Annexes

Ce contrat comprend <*chiffre*> annexes, énumérées ci-après par ordre de priorité, qui correspond également à l'ordre d'importance du classement des annexes :

- annexe I :............................
- annexe II :...................
- annexe III :...................

SECTION 6 : LE NOMBRE D'EXEMPLAIRES

546. En combien d'exemplaires doit-on établir un contrat ? Indiquer le nombre d'exemplaires dans un contrat (**§ 1**), tout en évitant certains écueils (**§ 2**), est plus que nécessaire.

§ 1 – L'intérêt de la mention du nombre d'exemplaires

547. En principe, le contrat doit être établi en autant d'exemplaires qu'il y a des parties. C'est la *formalité du double.* Aussi, s'agissant d'un acte sous-seing privé, il faut que chaque partie ait un exemplaire original du contrat. Exemple : deux exemplaires originaux pour deux parties.

Mais dans un contrat international, il faudra parfois tenir compte des exemplaires ou « copies » qui seront nécessaires, parfois en originaux, pour :

- les organismes de tutelle, nationaux ou internationaux ;
- les bailleurs de fonds et les institutions bancaires participant au financement du projet ou au règlement des sommes contractuellement dues ;
- les sous-traitants ou autres sociétés du groupe ;
- les maîtres d'œuvre, etc.

§ 2 – Les conseils et écueils à éviter

548. Au moment de la signature, il faut *procéder à la collation de tous les exemplaires.* À cet effet, il est recommandé de faire mention dans le texte du contrat du nombre d'exemplaires en lequel celui-ci a été établi et signé. Cela permet d'éviter toute contestation sur l'authenticité de tel ou tel exemplaire.

En outre, l'une des parties au contrat ne peut pas invoquer son ignorance des dispositions contractuelles. En ayant un exemplaire du contrat, elle ne peut pas déclarer qu'elle ignore certains engagements du contrat signé par ses soins.

SECTION 7 : LES SIGNATURES

549. La signature du contrat par les parties est une formalité essentielle (**§ 1**) qui doit se faire avec précaution (**§ 2**).

§ 1 – La fonction de la signature

550. Tout juste après que soit précisé le nombre d'exemplaires originaux du contrat, de même que le lieu et la date de signature, les parties ou leurs représentants autorisés (administrateurs, mandataires, etc.) signent chacun des exemplaires. S'il s'agit d'un acte sous seing privé, la signature en présence de témoins indépendants peut être utile.

551. La signature permet aux parties d'assumer les conséquences juridiques de l'acte qu'elles ont posé. Le contrat n'est définitivement conclu et, par conséquent opposable aux parties, que lorsqu'elles l'ont signé.

552. Il est recommandé de parapher chaque page du contrat en y mettant ses initiales, y compris les annexes, même si l'absence de paraphe n'affecte pas sa validité, et de signer la dernière page. Il n'est pas nécessaire de parapher la page de signature, dans la mesure où votre signature y est apposée. Le paraphe de chaque page du contrat permet de prouver que les parties ont accepté le contenu de la page paraphé.

Tout ajout, suppression, rature ou modification du texte à main levée lors des signatures doit être validé par le paraphe de chaque signataire apposé à proximité. Cela permet notamment d'éviter les risques de substitution des pages du contrat, surtout lorsqu'une partie estime que cette page ne l'arrange pas.

§ 2 – Les conseils et écueils à éviter

553. Avant l'opération de signature proprement dite, il faut procéder à la vérification de l'identité des parties et signataires (sous forme de photocopie des cartes d'identité ou passeport, d'extraits de registre du commerce et du crédit mobilier, etc.). Il faut également vérifier si la personne qui prétend agir au nom de la société a le pouvoir d'engager celle-ci. La vérification se fait au moyen des copies certifiées conformes des délibérations sociales ou de décisions ou autorisations administratives.

Ensuite, il faut lire tout le contrat, surtout la version finale à être signée. Il ne faut jamais signer un contrat sans l'avoir lu en entier. Après, il sera trop tard !

554. Il faut toujours conserver une copie du contrat qu'on a soi-même signé, même si l'exemplaire original ne sera complètement signé que plus tard. Il en est ainsi lorsqu'une des parties est absente et qu'il faudra lui transmettre le document plus tard pour signature.

ANNEXES

Chaque rédaction de contrat est différente, car c'est une entente entre deux parties concernant leurs choix et leurs désirs respectifs. Un contrat est un document qui lie deux parties, qui scelle un accord entre deux parties. Par conséquent, il doit énumérer fidèlement la totalité des points sur lesquels il y a entente.

Sous ce rapport, un contrat n'est pas susceptible d'être adapté à toutes les situations, un contrat « passe-partout » n'existe pas. Les parties doivent rédiger elles-mêmes leur contrat en tenant compte de leurs objectifs, contraintes et particularités juridiques ; au besoin, elles peuvent se faire assister d'un conseiller juridique.

Quel que soit le type de contrat, son organisation doit comprendre un certain nombre d'éléments d'information nécessaires pour décrire totalement l'opération envisagée et ses éventuelles conséquences. L'ordre des articles correspond à l'enchaînement logique de présentation et de déroulement de l'opération commune.

Ainsi, nous nous sommes résolus à vous proposer dans cette partie uniquement l'architecture de quelques contrats usuels et non des « contrats-type », qui peuvent être source de difficultés. En effet, chaque fiche est assortie de l'architecture du contrat objet de celle-ci.

Annexe 1 : Fiche pratique d'un contrat de prestation de services

1. Définition

Le contrat de prestation de services est un contrat par lequel une personne, le prestataire, s'engage à fournir à une autre, le client, une prestation dans un domaine spécifique et déterminé, selon des normes et des spécifications qui lui sont indiquées.

2. Régime juridique

- **Objet du contrat**

Le contrat de prestation de services a principalement pour objet l'accomplissement d'un service. Les services proposés par le prestataire sont d'une grande multitude et concernent des activités aussi variées. Il peut s'agir d'un service matériel (maintenance, nettoyage, gardiennage, restauration...) ou d'un service intellectuel (étude, assistance, conseil, conception...).

Le prestataire de service peut être une personne physique ou une personne morale. Il n'est pas obligatoirement un professionnel, même si c'est bien souvent le cas, et peut exercer plusieurs activités à la fois. Il peut être à la fois vendeur et prestataire. Dans ce cas, il faut faire le distinguo entre les actes qu'il passe en tant que vendeur et ceux qu'il fait en tant que prestataire.

L'opération d'acquisition d'un climatiseur illustre parfaitement cette situation. Il peut arriver que l'installation du climatiseur soit effectuée par le vendeur. Dans ce cas, il y a juxtaposition d'une vente et d'une prestation qui consiste à l'installation. Il y a donc deux contrats : un contrat de vente et un contrat de prestation de services.

Il n'en est pas de même si le vendeur se contente d'assurer la livraison du climatiseur au domicile de son client et de lui fournir des conseils pour l'installer. Dans ce cas, il n'y a pas contrat de prestation de services, mais contrat de vente ; l'obligation d'information faisant partie du contrat de vente[80].

---

[80] Voir les dispositions des articles 219 et suivants de l'Acte révisé uniforme relatif au droit commercial général

- **Obligation des parties**

Le contrat de prestation de services crée des droits et obligations entre un prestataire et un client. Le prestataire fournit, exécute un service pour le client qui, en contrepartie, le rémunère.

Sous peine de voir le contrat de prestation de services requalifié en contrat de travail, l'action du prestataire doit être conduite en toute indépendance. Il est au service du client et non sous ses ordres. Il doit utiliser ses propres moyens, qu'ils soient matériels ou humains, pour accomplir sa prestation.

Le prestataire doit garantir à son client le résultat. Il peut être contraint, d'une part, à refaire ou à parfaire le travail en cas d'exécution incomplète ou défectueuse de sa prestation et, d'autre part, au paiement des dommages et intérêts du fait de cette exécution incomplète ou défectueuse.

Pour éviter d'avoir recours au juge, la garantie de la bonne exécution du travail confié au prestataire doit être prévue au contrat. Cela peut se faire, notamment, au moyen des clauses de responsabilité et des clauses pénales.

Le prestataire a la possibilité de sous-traiter tout ou partie des prestations objet du contrat. Toutefois, pour éviter toute contestation, cette possibilité doit avoir été envisagée dans le contrat. À défaut, il reviendra au juge de trancher.

Le client doit également garantir le paiement du prestataire. Le prestataire doit par exemple avoir la possibilité de suspendre le contrat ou de se retirer si les paiements ne sont pas effectués conformément aux termes du contrat. Plusieurs mécanismes existent à cet effet. Il en est ainsi des clauses de résiliation en cas d'inexécution du contrat par l'une des parties.

3. Contenu du contrat de prestation de services

Certaines mentions doivent figurer dans un contrat de prestation de services. Ces mentions sont relatives aux services fournis et à leurs délais d'exécution, aux prix, à la durée du contrat, à la confidentialité, à la non-sollicitation du personnel, à la responsabilité.

- **Services fournis** : Les tâches à accomplir doivent être définies avec précision sous peine de voir le contrat requalifié en contrat de travail. Le personnel détaché dans l'entreprise utilisatrice doit conserver, pendant l'exécution de la mission, une totale autonomie par rapport aux salariés de l'utilisateur.

- **Délais d'exécution** : Le contrat de prestation de services est conclu pour une tâche ponctuelle et spécifique. À cet effet, il ne doit pas être conclu pour une durée illimitée ou reconduit sur plusieurs années sans échéance fixe.
- **Prix** : La rémunération prévue au contrat doit être fixée forfaitairement, en fonction du résultat et non du nombre d'heures de travail effectuées.

L'activité sous-traitée implique une spécialisation ou un savoir-faire que ne possèdent pas les salariés de l'utilisateur. À défaut, on risque une condamnation pour prêt de la main d'œuvre illicite ou délit de marchandage.

- **Non-sollicitation du personnel** : La permanence de la collaboration avec l'imbrication du personnel qui s'en suit peut aboutir à de fâcheux détournements de personnel et donc de savoir-faire. À cet effet, les parties ont intérêt à insérer dans leur contrat une clause de non-sollicitation du personnel dont la violation sera de nature à entraîner la rupture fautive du contrat, ou de lourds dommages et intérêts si elle intervient dans la période post-contractuelle.
- **Responsabilité** : Cette clause permettra d'organiser la responsabilité de la partie défaillante.
- **Confidentialité** : Par cette clause, les parties s'interdisent la divulgation des informations qu'elles ont échangées.

Sous ce rapport, un contrat de prestation de services peut avoir l'architecture suivante :

1. Titre
2. Désignation des parties
3. Préambule
4. Définitions
5. Objet
6. Prix
7. Durée
8. Obligations du prestataire
9. Obligations du client
10. Propriété des résultats
11. Responsabilité
12. Pénalités
13. Non-sollicitation du personnel

14. Cession du contrat et Sous-traitance
15. Référencement
16. Résiliation
17. Droit et litiges
18. Élection de domicile
19. Annexes
20. Signatures des parties.

Annexe 2 : Fiche pratique d'un contrat de concession commerciale

1. Définition

Le contrat de concession commerciale est celui par lequel le titulaire d'une marque, ou concédant, s'engage sur un territoire donné à ne vendre qu'à son cocontractant, ou concessionnaire, qui s'oblige, en contrepartie à distribuer les biens concédés et uniquement ces biens, en respectant la politique commerciale définie par son partenaire.

Le contrat de concession commerciale est inséparable de la notion d'exclusivité. C'est d'ailleurs pour cette raison qu'il est également connu sous le nom de *contrat de distribution exclusive* ou *contrat de distribution intégrée.*

2. Régime juridique

Le contrat de concession commerciale n'est soumis à aucune réglementation particulière. Il obéit, pour l'essentiel, au droit commun des contrats commerciaux et aux règles dégagées par la jurisprudence. À cet effet, sa forme et son contenu sont librement fixés par les parties.

- **Obligation des parties**

Le contrat de concession met à la charge des parties (le concédant et le concessionnaire) de nombreuses obligations qui tirent leur source de la vente qui est à la base de l'accord de volontés, mais aussi de la collaboration que les contractants se sont promis et de l'exclusivité qu'ils se doivent.

Du fait du contrat, le concédant doit :

- s'abstenir de procéder à des ventes directes dans la zone exclusive accordée au concessionnaire ;
- respecter les quotas de livraison auxquels il s'est engagé ;
- garantir les vices cachés des produits qu'il fournit ;
- garantir l'exclusivité de la marque, de l'enseigne, etc., dans le secteur géographique consenti au concessionnaire ;
- définir et mettre en œuvre la politique du réseau.

Le concessionnaire est astreint à un certain nombre d'obligations. Il doit :

- respecter l'exclusivité territoriale des autres distributeurs ;
- remplir, s'il y a lieu, son obligation d'achat exclusif ;
- respecter le quota d'approvisionnement éventuellement prévu dans le contrat ;
- payer le prix des marchandises ;
- maintenir, si le contrat l'impose, un stock minimal de produits ou de pièces de rechange pour répondre aux besoins de la clientèle ;
- assurer divers services à la clientèle ;
- respecter les règles commerciales, de gestion ou de toute autre nature mise contractuellement à sa charge par le concédant ;
- informer le concédant de l'état du marché, des réactions de la clientèle, etc.

▪ **Fin du contrat de concession**

Le régime de la résiliation ou du non-renouvellement du contrat de concession varie suivant que le contrat soit à durée déterminée ou indéterminée.

Si le contrat de concession est conclu pour une durée indéterminée, ce qui en général est rare, chaque partie peut mettre fin au contrat à tout moment à condition de respecter un délai de préavis, afin de donner du temps à son partenaire pour réorganiser ses activités. À défaut, la partie fautive peut se voir condamnée au paiement des dommages et intérêts. La durée du préavis est librement déterminée par les parties.

Lorsque le contrat de concession est conclu pour une durée déterminée, l'arrivée du terme a un effet extinctif ; il met fin aux obligations réciproques des parties. Sauf faute grave ou clause résolutoire expressément prévue au contrat, une partie ne peut pas mettre fin au contrat unilatéralement avant l'arrivée du terme.

3. Contenu du contrat de concession commerciale

La structure du contrat de concession exclusive repose sur un support, c'est-à-dire le contrat-cadre, qui va énoncer l'essentiel des futurs contrats d'application et va définir à l'avance le régime applicable aux parties durant la vie du contrat, et également au terme de celui-ci.

Le contrat-cadre décrit l'ensemble des obligations réciproques à la charge des parties, qui vont être différentes selon la nature du commerce concédé. En général, l'obligation principale tient à l'assistance technique, commerciale, financière ou comptable du concessionnaire par le concédant qui se matérialise, notamment, par l'octroi d'aides financières, la fourniture de signes distinctifs, la réservation d'un marché.

Les parties ont donc intérêt à prévoir dans leur contrat une clause d'assistance technique, commerciale, financière ou comptable du concédant. Cette clause permet de renforcer le contrôle du concédant sur le concessionnaire et l'efficacité de ce système de distribution.

Aussi, le concessionnaire doit respecter les clauses de quota ou de minima quant à son approvisionnement, assurer le service après-vente, utiliser l'enseigne et le panonceau de la marque. Il doit assurer une meilleure commercialisation des produits du concédant.

Le contrat de concession commerciale doit être rédigé avec soin, de manière à ne pas omettre certaines clauses essentielles. Il en est ainsi des clauses relatives :

- à la zone d'exclusivité : cette zone doit être clairement définie, elle peut être régionale, départementale, communale, etc. ; elle peut même être limitée à une catégorie de clients.
- aux biens et services distribués : ces biens ou services doivent être déterminés avec précision.
- aux conditions de livraison des produits : dans un contrat international, il faut veiller à choisir les incoterms appropriés.
- aux conditions de protection de la marque et de l'enseigne du distributeur : il convient de vérifier si la marque a été déposée et enregistrée, si le concédant est propriétaire de la marque ou titulaire d'un contrat de licence.

Sous ce rapport, un contrat de concession commerciale peut avoir l'architecture suivante :

1. Titre
2. Désignation des parties
3. Préambule
4. Définitions

5. Objet
6. Obligations du concédant
7. Obligations du concessionnaire
8. Les obligations des parties
9. Prix
10. Assurances
11. Déclaration d'indépendance réciproque
12. Loyauté et bonne foi
13. Non-concurrence
14. Cession et transmission du contrat
15. Durée du contrat
16. Résiliation
17. Élection de domicile
18. Droit et litiges
19. Annexes
20. Signatures des parties.

Annexe 3 : Fiche pratique d'un contrat de bail à usage professionnel

1. Définition

Un *bail à usage professionnel* est un contrat qui unit le propriétaire d'un local et un locataire qui l'occupe dans le cadre d'une activité commerciale, industrielle ou artisanale. Il est régi par les dispositions des articles 101 et suivants de l'Acte Uniforme révisé portant sur le droit commercial général.

2. Régime juridique

- **Montant du loyer**

La fixation du montant du loyer relève de la liberté contractuelle, même si les dispositions de l'article 116 de l'AUDCG autorisent les États à adopter des textes fixant le montant du loyer dans certains cas. Aussi, pour éviter toute surprise, les parties, surtout le locataire, ont intérêt à s'informer sur le prix du marché avant d'entamer les négociations.

Le loyer peut être un montant fixe ou variable. Dans ce dernier cas, le loyer peut varier si une clause d'indexation ou d'échelle mobile est prévue dans le bail.

Le montant du loyer est fixé en même temps que les modalités de sa révision. À défaut, la loi prescrit une révision dont le taux peut être fixé par le juge.

Le locataire peut être amené à verser au bailleur un *dépôt de garantie* au moment de la conclusion du bail. Le dépôt de garantie est destiné à garantir l'exécution des obligations mises à la charge du locataire et les éventuelles réparations en fin de location. Cette somme dont le montant est déterminé librement sera remboursée au locataire à la fin du bail s'il s'acquitte de toutes ses obligations.

- **Destination des lieux loués**

En principe, le locataire ne peut exercer dans le local commercial que l'activité ou les activités autorisées dans le bail. Une modification partielle ou totale de l'activité, encore appelée *déspécialisation*, permet au bailleur de saisir la juridiction compétente pour demander la résiliation du bail. Il est donc recommandé aux parties de bien *décrire* précisément *les activités autorisées*, afin d'éviter tout différend ultérieur.

- **Le renouvellement du bail**

L'Acte uniforme a minutieusement réglementé les rapports des parties à l'expiration du bail. Aussi, il faut préciser les initiatives que doit prendre le locataire à la fin du bail et l'attitude que doit observer le bailleur.

- ***Les diligences du locataire***

Les articles 123 et suivants précisent les initiatives que doit prendre le locataire qui veut obtenir le renouvellement du bail. Il faut à cet égard faire une distinction.

S'il s'agit d'un bail à durée déterminée, le preneur qui a droit au renouvellement doit introduire une demande. Celle-ci doit impérativement être signifiée par acte extrajudiciaire, c'est-à-dire par exploit d'huissier, au plus tard trois mois avant la date d'expiration du bail. À défaut, le preneur est déchu de son droit.

S'il s'agit d'un bail à durée indéterminée, le preneur qui a reçu congé du bailleur[81] peut exiger le renouvellement en notifiant au bailleur par acte extrajudiciaire, sa contestation du congé. Cette notification doit avoir lieu au plus tard à la date d'effet du congé ; à défaut il est mis fin au bail.

- ***L'attitude du bailleur***

Le bailleur saisi d'une nouvelle demande de renouvellement peut adopter deux attitudes :

- Il peut accepter le renouvellement. Cette acceptation peut être expresse ou tacite. Elle est tacite lorsque, ayant reçu une demande de renouvellement du bail à durée déterminée, le bailleur ne fait pas connaître sa réponse au plus tard un mois avant l'expiration du bail. Son silence vaut acceptation.

  En cas d'acceptation, qu'elle soit expresse ou tacite, la durée du nouveau bail est fixée à trois ans, sauf convention contraire des parties (art. 123 AUDCG).

---

[81] Chaque partie peut prendre l'initiative de la rupture en donnant congé par acte extrajudiciaire au moins six mois à l'avance.

- Il peut refuser le renouvellement. Dans ce cas, il doit payer une indemnité d'éviction. Si les parties n'arrivent pas à trouver un accord sur le montant de cette indemnité, le recours au tribunal est nécessaire (art. 126 AUDCG). Il est tenu compte pour la détermination du montant de l'indemnité, du montant du chiffre d'affaires, des investissements réalisés par le preneur et de la situation géographique du local.

L'Acte Uniforme ne règle pas les conséquences du refus par le bailleur de payer l'indemnité d'éviction.

Il cite en revanche les cas dans lesquels le bailleur n'est pas tenu de payer l'indemnité d'éviction. Ces cas sont au nombre de trois :

- D'abord l'existence d'un motif légitime de non-renouvellement. Il en est ainsi de l'inexécution par le preneur d'une obligation substantielle (le non-paiement du bail par exemple) ou la cessation du fonds.
- Ensuite le projet de démolition et de reconstruction de l'immeuble comprenant les lieux loués.
- Enfin la reprise par le bailleur des locaux d'habitation accessoire des locaux principaux pour y loger lui-même ou y loger ses proches.

Mais, même s'il n'a pas droit à une indemnité de l'éviction, le preneur pourra obtenir remboursement des coûts des aménagements et constructions qu'il a réalisés dans les locaux avec l'autorisation du bailleur. Le montant est fixé, à défaut d'accord, par la juridiction compétente à la requête du preneur.

- **Cession du bail**

Toute cession du bail doit être signifiée au bailleur par acte extrajudiciaire, ou par tout autre moyen écrit, mentionnant : l'identité complète du cessionnaire, son adresse et éventuellement, son numéro d'immatriculation au Registre du Commerce et du Crédit Mobilier. À défaut de signification dans ces conditions, la cession est inopposable au bailleur.

- **Sous-location**

La sous-location totale ou partielle est interdite, sauf si une clause l'autorise. En cas de sous-location autorisée, l'acte doit être porté à la connaissance du bailleur par tout moyen écrit. À défaut, la sous-location lui est inopposable.

- **Fin du bail**

Le contrat peut stipuler des motifs de résiliation du bail.

Ainsi, à défaut de paiement du loyer ou en cas d'inexécution d'une clause du bail, le bailleur pourra demander à la juridiction compétente la résiliation du bail et l'expulsion du preneur, et de tous occupants de son chef, après avoir fait délivrer, par acte extrajudiciaire, une mise en demeure d'avoir à respecter les clauses et conditions du bail.

3. Contenu du contrat de bail à usage professionnel

Certaines dispositions en matière de bail à usage professionnel sont d'ordre public. Par conséquent, elles ne peuvent être écartées par les parties, sous peine d'encourir la nullité. Il en est ainsi des dispositions régissant le droit au renouvellement du bail, le formalisme à suivre en matière de congé et de demande de renouvellement.

En dehors des dispositions impératives, les parties ont la possibilité d'aménager librement les clauses de leur contrat. Cette liberté contractuelle se manifeste notamment en ce qui concerne la fixation du montant du loyer initial, la sous-location, la cession du bail, la destination des lieux loués.

Le locataire a, par exemple, intérêt d'exiger du bailleur l'insertion dans le contrat d'une clause d'exclusivité et d'une clause de non-concurrence. Par la clause d'exclusivité, le bailleur s'interdit de louer à un tiers un local pour y exercer une activité similaire. La clause de non-concurrence interdit au bailleur d'exercer, directement ou non, une activité concurrente à celle du locataire.

Sous ce rapport, un contrat de bail commercial peut avoir l'architecture suivante :

1. Titre
2. Désignation des parties
3. Préambule
4. Objet du bail
5. Désignation des lieux loués
6. État des lieux
7. Destination des locaux loués
8. Durée du bail
9. Loyer
10. Dépôt de garantie

11. Charges locatives
12. Réparations, travaux et entretien
13. Assurances
14. Sous-location et Cession de bail
15. Clause résolutoire
16. Frais
17. Droit et litiges
18. Élection de domicile
19. Annexes
20. Signatures des parties.

Annexe 4 : Fiche pratique d'un contrat d'agence commerciale

1. Définition

Le contrat d'agence commerciale est le contrat par lequel l'une des parties, l'agent commercial, est chargée de façon permanente, et moyennant rémunération, par l'autre partie, le commettant, sans être soumise à l'autorité de ce dernier, de la négociation et éventuellement de la conclusion d'affaires au nom et pour compte du commettant. L'agent commercial organise ses activités comme il l'entend et dispose librement de son temps.

2. Régime juridique

- **Obligation des parties**

Le contrat d'agence commerciale est régi par les dispositions des articles 216 et suivants de l'Acte Uniforme révisé portant sur le droit commercial général. Il fait naître des obligations à la charge de l'agent et du commettant.

L'agent est tenu à un certain nombre d'obligations. Ce sont principalement :

- *l'obligation de loyauté* : *La loyauté désigne la sincérité dans la conclusion du contrat et la bonne foi dans son exécution.* Elle a pour but de favoriser l'établissement de relations durables entre l'agent commercial et ses mandants qui doivent pouvoir compter sur lui sans aucune réticence. Elle se traduit pour l'agent commercial par l'*obligation de non-concurrence.*
- *l'obligation d'information* : L'agent commercial a une obligation d'information à l'égard de son mandant. Cette obligation découle de l'obligation de rendre compte incombant à tout intermédiaire de commerce et plus généralement à tout mandataire. Le mandant est tenu de la même obligation d'information.
- *l'obligation de restitution* : L'agent commercial a l'obligation de restituer à la fin du contrat tout ce qui lui a été remis pour la durée du contrat, soit par le mandant, soit par les tiers pour le compte du mandant. Cette

obligation qui, au demeurant pèse aussi sur le mandant, ne fait pas obstacle à l'exercice du droit de rétention.

Le commettant assume une obligation essentielle : *celle de rémunérer l'agent commercial.* L'agent commercial a *droit à une rémunération* (commission) qui, dans le silence du contrat, prend la forme d'une commission calculée conformément aux usages en vigueur dans le secteur d'activité couvert par le mandat.

Il convient de préciser qu'en dehors de cette obligation principale, le commettant doit, pendant toute la durée du contrat, mettre l'agent en mesure de remplir sa mission. À ce titre, il doit mettre à sa disposition tous les moyens pouvant faciliter l'accomplissement des tâches stipulées au contrat et tous les documents comptables servant de base au calcul de la commission.

- **Cessation du contrat**

Le contrat d'agence commerciale prend fin à l'arrivée du terme du contrat si celui-ci est conclu pour *une durée déterminée.* S'il est conclu *pour une durée indéterminée,* chacune des parties peut y mettre fin moyennant un *préavis.* Ce préavis est d'un mois pour la première année du contrat, de deux mois pour la deuxième année commencée et de trois mois pour la troisième année commencée et les années suivantes (AUDCG, art. 228 al. 2). En cas de faute lourde ou de force majeure, l'obligation de préavis ne s'applique pas.

Toute cessation de contrat d'agence commerciale ouvre droit à *une indemnité compensatrice* au profit de l'agent, que le contrat soit à durée déterminée ou indéterminée. Les règles de calcul du montant de l'indemnité compensatrice sont prévues par l'article 231 de l'AUDCG qui fixe comme base de calcul un rapport mois de commission/année de contrat exécuté. Toutefois, cette indemnité compensatrice n'est pas due lorsque la rupture du contrat est du fait de l'agent commercial (sauf en cas de maladie, de causes dues à son âge, ou encore après cession du contrat à un tiers approuvée par le mandant), ou lorsqu'elle fait suite à une faute grave imputable à l'agent (par exemple : non-respect de la clause de non-concurrence).

3. Contenu du contrat d'agence commerciale

Le contrat d'agence commerciale est un contrat consensuel. En d'autres termes, l'écrit n'est pas une condition de validité du statut d'agent commercial. Toutefois, *l'établissement d'un contrat écrit est vivement conseillé*, notamment pour éviter toute requalification en contrat de travail.

En dehors des clauses usuelles, le contrat d'agence commerciale comporte des clauses essentielles et des clauses sensibles. Même si un certain nombre de clauses sont d'ordre public, il revient aux parties de mieux encadrer leur contrat en prêtant attention à la rédaction de certaines clauses essentielles ou sensibles.

Parmi les clauses essentielles, on peut citer celles qui sont relatives à la désignation du secteur géographique d'activité, au niveau des commissions, à la durée du contrat, aux obligations des parties, aux assurances et responsabilités. Les clauses sensibles sont les clauses de non-concurrence, d'exclusivité et de confidentialité.

Sous ce rapport, un contrat d'agence commerciale peut avoir l'architecture suivante :

1. Titre
2. Désignation des parties
3. Préambule
4. Définitions
5. Objet
6. Secteur — Clientèle
7. Commissions
8. Paiement de la commission
9. Obligations de l'agent
10. Obligations du mandat
11. Déclaration d'indépendance réciproque
12. Loyauté et bonne foi
13. Non-concurrence
14. Cession et transmission du contrat
15. Durée du contrat
16. Conséquences de la cessation du contrat
17. Droit et litiges
18. Élection de domicile
19. Annexes
20. Signatures des parties.

Annexe 5 : Fiche pratique d'un contrat de travail

1. Définition

Le contrat de travail est la convention par laquelle une personne s'engage à mettre son activité à la disposition d'une autre, sous la subordination de laquelle elle se place, moyennant une rémunération.

2. Régime juridique

- **Conditions d'existence du contrat de travail**

L'existence du contrat du travail est caractérisée par trois éléments : la prestation de travail, la rémunération et le lien de subordination. Mais de ces trois éléments, le lien de subordination est l'élément essentiel qui caractérise le contrat de travail. Le salarié doit être réellement placé sous la direction, la surveillance et le commandement de son employeur.

- **Types de contrats de travail**

Il existe différents types de contrats de travail : le contrat à durée indéterminée (CDI), le contrat de travail à durée déterminée (CDD), le contrat de travail temporaire ou d'intérim, le contrat de travail à temps partiel, le contrat d'apprentissage.[82] Chaque type de contrat de travail comporte ses propres règles et spécificités.

- **Forme du contrat de travail**

Le contrat de travail est un contrat consensuel, il se forme par le simple échange de consentement. Il n'a donc pas besoin d'écrit pour exister, mais cet écrit est nécessaire pour des raisons de preuve.

Dans certains cas cependant, l'écrit est exigé, à défaut le contrat est considéré comme un contrat de travail à durée indéterminée. Il en est ainsi pour le contrat de travail à durée

---

[82] Henri Joël TAGUM FOMBENO, *Droit du travail sénégalais*, Éd. L'Harmattan, 2017, p. 120 et s.

déterminée, le contrat de travail journalier, le contrat d'apprentissage, etc.

- **Fin du contrat de travail**

Le contrat de travail ne pouvant être un engagement à vie, l'employeur et le salarié ont la possibilité d'y mettre fin en respectant certaines modalités. Les deux principaux modes de rupture sont : la démission et le licenciement.

3. Contenu du contrat de travail

La rédaction du contrat de travail repose sur le principe de liberté contractuelle. Le contenu du contrat est déterminé librement par les parties que sont l'employeur et le salarié.

Toutefois, la liberté laissée aux contractants n'est pas illimitée. Dans un souci de protection du salarié, il n'est pas possible de déroger par contrat aux lois et règlements constituant la législation minimum d'ordre public, ainsi qu'aux conventions et accords collectifs applicables à la profession, sauf dans un sens plus favorable pour le salarié.

En dehors de ces limitations, le contrat de travail peut contenir un certain nombre de stipulations destinées, le cas échéant, à protéger l'intérêt de l'entreprise ou à faciliter l'exécution du travail. Il revient donc aux parties de mieux encadrer leur contrat en prévoyant les clauses appropriées.

Même si, le contrat de travail doit obligatoirement stipuler certaines mentions (qualification du salarié, lieu de travail, horaires et durée du travail, rémunération, etc.), les parties doivent penser à prévoir certaines clauses en fonction du secteur d'activité concerné. Il en est ainsi des clauses d'exclusivité, de non-concurrence, de mobilité, de dédit formation, d'objectifs.

Sous ce rapport, un contrat de travail peut avoir l'architecture suivante :

1. Titre
2. Désignation des parties
3. Engagement — Essai
4. Période d'essai
5. Fonctions — Attributions
6. Rémunération
7. Lieu de travail

8. Horaires de travail
9. Absences
10. Congés payés
11. Confidentialité
12. Documents et matériels confiés
13. Restitution des biens
14. Protection sociale
15. Effet — Durée
16. Droit et litiges
17. Annexes
18. Signatures des parties.

INDICATIONS BIBLIOGRAPHIQUES

I - Ouvrages généraux

BENABENT (A.), *Droit civil, Des contrats spéciaux civils et commerciaux*, Éd. LGDJ, 13e éd., 2019, 720 p.

COLLART-DUTILLEUL (F.), DELEBECQUE (P.), *Contrats civils et commerciaux*, Éd. Dalloz, 11e éd., 2019, 1084 p.

RAYNARD (J.), SEUBE (J.-B.), *Droit des contrats spéciaux*, Éd. Lexis Nexis, 10e éd., 2019, 564 p.

II - Ouvrages spéciaux, monographies

BELLENGER (L.), *Les fondamentaux de la Négociation*, Éd. ESF, 2004, 220 p.

BLANCO (D.), *Négocier et rédiger un contrat à l'international*, Dunod, 3e éd., 2002, 256 p.

FISHER (R.), URY (W.), PATTON (B.), *Comment réussir une négociation*, Éd. du Seuil, 2006, 267 p.

MOUSSERON (P.), RAYNARD (J.), SEUBE (J.-B.), *Technique contractuelle*, Francis Lefebvre, 4e éd., 2017, 800 p.

POULET (O.), *Savoir négocier ses contrats*, Éd. Delmas, 2007, 264 p.

SCHMIDT (J.), *Négociation et conclusion des contrats*, Dalloz, 1983, 334 p.

III - Articles, Chroniques & Rapports

ATIAS (C.) « Restaurer le droit du contrat », D. 1998, Chron. p. 137.

BEIGNIER (B.), « La conduite des négociations », RTD Com. 1998, p.463.

BERLIOZ (G.), « Droit de la consommation et droit des contrats », JCP éd. G, 1979, I, 2954.

BIRBES (X.), « L'objet de la négociation », RTD Com. 1998, p. 472.

BUHLER (M.), « Les clauses de confidentialité dans les contrats internationaux », RDAI/IBLI, n° 3/4, 2002, pp. 359-387.

CEDRAS (J.), « L'obligation de négocier », RTD Com. 1985, p. 265.

FABRE (R.), « Les clauses d'adaptation dans les contrats », RTD Civ. 1983, p. 1.

FAGES (B.), — « L'art et la manière de rédiger le contrat », Dr. et patr. 1999, n° 72, p. 82.

– « Des comportements contractuels à éviter », Dr. et patr. 1998, n° 60, p. 67.

FRISON-ROCHE (M.A.), — « Remarques sur la distinction de la volonté et du consentement en droit des contrats », RTD Civ. 1995, p. 573.

– « L'indétermination du prix », RTD civ. 1992, p. 270.

MALAURIE-VIGNAL (M.), « Droit de la concurrence et droit des contrats », D. 1995, Chron. p. 51.

MESTRE (J.), — « De la notion de clause pénale et de ses limites », RTD Civ. 1985, p. 372.

– « De l'exigence d'un prix déterminable au regard de l'article 1129 du Code civil », RTD civ. 1987, p. 94.

MONTREDON (J.S.), « La théorie générale du contrat à l'épreuve du nouveau droit des procédures collectives », JCP éd. E, 1988, II, 15156, p. 268.

NAJJAR (I.), — « La rétractation d'une promesse unilatérale de vente », D. 1997, chron. p. 119.

– « L'accord de principe », D. 1991, chron. p. 57.

PIZZIO (J.P.), « La protection des consommateurs par le droit commun des contrats », RTD com. 1999, p. 53.

PLANTIN (S.), « Garanties de passif : quelques pièges à éviter », JCP éd. E, 1998, p.1722.

ROJOT (J.), « La gestion de la négociation », RTD Com. 1998, p. 447.

TAGUM FOMBENO (H.-J.), « Regard critique sur le droit de l'arbitrage OHADA », Juriscope, Revue de l'Actualité juridique, 2003, Poitiers, www.juriscope.org

THIBIERGE-GUELFUCCI (C.), « Libre propos sur la transformation du droit des contrats », RTD Com. 1997, p. 357.

IV - Sites Internet

- OHADA : www.ohada.org
- Juris International : www.jurisint.org
- Jurisprudence francophone des cours suprêmes : www.juricaf.org
- Autres : www.tagumjoel.com

INDEX

(*Les chiffres dans l'index renvoient aux numéros de pages*)

D

E

F

G

H

I

L

M

N

O

P

Q

R

S

T

V

W

TABLE DES MATIÈRES